新装版

月のとびら

はじめに

「月の本を書いてください」と編集者の鶴田さんに言われて、私は戸惑いました。

というのも、「満月や新月の願い事」「満月に向かってお財布を振る」など、「この月齢にはこれをしたほうがいい」というマニュアル的な本のご依頼だと思ったからです。

月齢は最近、静かなブームとなっているように思います。雑誌の特集記事などで、たびたび「月にからめてなにか書いて頂けませんか」というご依頼を頂きます。

●

これに対して、「新月は始まりのタイミング」「満月は『満ちる』時間」など、古くから暦の上で親しまれてきた月の時間のことを、簡単に説明することはできるのですが、それ以上のことは、私の力の及ぶところではありません。

ゆえに、お断りしようとしたのですが、ふと別の考えがうかびました。「月のマニュアル」ではなく、私が日頃思い描いている「月の世界」のことを書かせてもらえないだろうか、と思ったのです。

私は、星占いの記事を書くことを主な生業にしています。星占いの世界で、月は、次のようなことを象徴しています。

変化。
豊穣。

時間の移り変わり。
女性。
母なるもの。
妻。
処女性。
妊娠や月経。
水。
銀。
夜。
無意識。
身体。
子供の頃の記憶。
感情。etc.

●

本書は、「生活がもっと望ましくなる、実用的な月の本」ではありません。私が思う「月の世界」について、行きつ戻りつ、書き綴ったものです。

思うに、月は、私たちの心が抱えているあやふやな夢や希望、恐れや予感をふわりと受けとめ、そこにきらきらした夜の森が育つのを助けてくれる、「心のふるさと」のような世界です。

ミヒャエル・エンデの『はてしない物語』の中で、主人公バスチアンが夢の世界の女王につけた名前が「モンデンキント（月の子）」であったように、月は私たちの内なる夢の住まう場所であるように思われます。

太陽がキラキラ輝いている場ではけっして出てこられないもの、月明かりに照らされてでなければ、顔を出せないもの。もしそれらが存在しなかったら、私たちは世界との結びつきを見失い、生きる力を奪われてしまうようなもの。

そういうものたちが住んでいるのが、私の思う「月の世界」です。

＊＊＊

私は、日々占いの記事を書くことを生業にしています。占いの現場で最も多く寄せられるのはもちろん、「私の未来はどうなりますか？」というご質問です。

ですが、その一方で、

「占いとどうつきあえばよいかわかりません」

「占いを信じていいのでしょうか？」

「母が拝み屋さんにはまってしまったのですが……」

「占いが怖いです」

「星の影響って、あるんでしょうか？」

など、占いそれ自体にまつわるご質問も、頻繁に頂くようになりました。

そもそも「占い」とは、何なのか。

研究者の方が研究対象として「占い」を外側から研究することはあっても、占いを日々楽しむ人々の中に立って「占いとは何か?」を内側から語った本は、多くはないように思います。

私の考えでは、「占い」も「月の世界」の出来事です。ですから、「月」をひとつの切り口として、「占い」とどうつきあっていけるのかを考えてみました。

つまり本書は、石井ゆかりという個人が、占いにまつわるさまざまな経験を通して感じ考えたことを綴った、読者への「私信」です。

占いや魔法をこっそり愛好しつつも、そのこと自体に不安や恥ずかしさを感じている人が少なくありません。あるいは、占いに「飲み込まれた」ようになり、恐怖や依存に苦しむ人も多くいらっしゃいます。

そうした読者にとって、この本が少しでも「対話」の相手になれたなら、こんなに嬉しいことはありません。

3章 占星術と月

4章 世界の地図

付録

1
章
心の中の「目」

「昨日」とは違う「今日」

「明日は明日の風が吹くよ」

友達が落ち込んでいるように見えるとき、そんな言葉をかけたことがあるでしょうか。

「明日」は、「今日」とはまったく違った新しい日であるに違いない。このフレーズは、そんな直感に基づいています。

一方、とてもそうは思えない日もあります。

たとえば、失恋したり、大事な人を喪《うしな》ったりしたときです。私たちは苦しみに苛まれ、明日も明後日も、ずっと永遠にこの苦しみが続いていくのだろう、と思い込みます。永遠に逃れられない苦しみのイメージにとらわれ、絶望的な気分になり、自ら命を絶つ人さえいます。

でも、実際には、けっしてそんなことはありません。

もちろん、一日や二日で気持ちが変わることはありませんが、数週間、数ヶ月、数年が過ぎていくうちに、私たちは胸の中の傷口が、いつの間にかふさがっていることに気づきます。

私は、主に星占いの文章を書くことを生業としています。インターネットで「今日の占い」を配信するのが日課です。

ときどき、前日と似たような文章が出てくると、読者の皆さんから
「射手座は昨日と似たような感じなのか……」
というふうに、ちょっと意外そうな、あるいはガッカリしたようなコメントを頂くことがあります。

または、もっとストレートに
「あれ？　石井さん、内容が昨日とかぶってますよ！」
と、訂正を促される場合もあります。

そうした反応を目にしたとき、大袈裟なようですが、私は、ちょっとし

◐

た感動を覚えます。

「みんな『昨日と今日はまったく別の日であるはずだ』と信じているのだ！」という事実に、心を打たれるのです。

「今日は、昨日とはまったく違った、まっさらの新しい一日になるはずだ」

これはすなわち、「希望」そのものです。


生活なんて毎日が同じようなことの繰り返しで、ドラマティックなことなんて起こりっこないよ。そんな「リアリズム」の中で生きている人のほうが、むしろマジョリティだと思います。

経験的にも、私たちは昨日と大して変わらない今日を生きてしまうことがほとんどです。

たぶん「昨日と占いが同じですよ」と言った人たちも、自分が「今日」を特別に希望に溢れたものだと思っているなんて、意識はしていないと思うのです。

それでも、「昨日の占いと今日の占いが同じなのはおかしい」と感じ、そこに反応しているのです。これは、いかにも感動的です。

私たちの意識にのぼる「考え」と、直観的に「感じて」いることとは、必ずしも一致してはいません。

多くの人が、「そんないいことなんか起こりっこないよ」「昨日と今日は同じようなことの繰り返しだよ」とシニカルに現実を受けとめつつ、その一方で、ごく自然な直観として、一日一日に新鮮な希望を信じているのです。

◐

「信じる」か、「信じない」か

昨日とまったく同じ場所に来て、ほとんど同じような仕事をして、同じ人々と顔を合わせて、同じ時間に同じ電車に乗って帰り、似たようなメニューの食事を作って食べ、同じ時間に入浴して就寝する。

そんな毎日を繰り返していたとしても、私たちはそれが「前の日と完全に一致してはいない」ことを知っています。

お天気が違い、気分が違い、たまたま電車で座れることもあれば、うっかり財布を忘れてしまうこともあります。お客さんが訪ねて来たり、コピーマシンが故障したり、誰かが優しくしてくれたり、誰かがへんなことを言ったり。なにかしら「昨日と違う」ことが、一日の中に潜んでいて、それらは「目に見えない流れ」の中にある、と私たちは感じています。

そうした「目に見えない流れ」のようなものを、私たちは「運」とか「調子」「流れ」「ゲン」「ツキ」などと呼びます。

思えば、誰に習ったわけでもないのに「運勢」「運気」などという言葉を、子供からお年寄りまでが自然に用いるのは、実に妙なことです。

占いなど毛嫌いしているような人の言動にも、ふとそうした用語が顔を出します。

以前、勤めていた会社の上司が、

「女の子は占いが好きだね、なんであんなインチキを信じちゃうんだろう」

などと言っているのに、その一方で

「オレは女運がないんだよ」

「携帯をトイレに落としちゃったよ、水難の相が出てるのかな」

とぼやいているのを耳にして、思わず笑ったことがあります。

占いについて懐疑的な人でも、

「どうも今日はついてないな」

「ここんとこなんか、流れが来ないんだよね」

などというフレーズを口にすることがあります。

もし、あのとき上司に、

「そんなことを言うなんて、占い信じているんじゃないですか」

と言ったら、彼は、

「冗談だよ、ものの例えだよ」

とでも弁解したでしょうか。

でもたぶん、非科学的な「運勢」や「占い」を否定しつつも、一方で「『何か』あるのかも」

と、ひそかに疑わずにいられないほうが、「普通」なのではないかとも思うのです。

アランの『幸福論』に、そんな心情を描いた一節があります。

「運勢を知るために占い師に手相を見てもらった人を知っている。彼の話だと、いたずらにしてみただけで、信じなどしていないというが、もしぼくが相談を受けたなら、やめさせただろう。なぜなら、それは危険な遊びであるから」

（アラン『幸福論』神谷幹夫訳、岩波文庫）

占いがばかばかしいから、ではなく「危険な遊び」だから、やめさせるだろう、とアランは言います。

「まだなんにも聞いてない時なら、信じないのはいとも簡単である。（中略）懐疑的な態度をとることは最初はやさしいが、やがて至難となる」

（同右）

占いも幽霊も運勢もまったく信じない、という人でも、もし突然、道端に座った占い師から、

○

「貴方は呪われていますよ」

などと言われたなら、鼻で嗤《わら》って馬鹿にしながらも、内心、恐れを感じずにいられないでしょう。口では「ばかばかしい」と言い、頭でそう考えたとしても、「心」は、なかなか説得には応じないものです。

逆に、占いが大好きな人であっても、「もしかしたら、これらはみんなインチキなのかもしれない」という冷たい針のような考えが、心のかたすみに、ひそかに埋もれているものではないでしょうか。

心の中の、2つの「目」

こう考えてみると、私たちの心には、2つの「目」がある、と言っていいかもしれません。

ひとつは、科学的に説明のされていない「目に見えない何か」を、冷たい論理で眺める理性の眼差し。
もうひとつは、深い感情や直感に基づき、「目に見えない何か」を捉えてそれと結びつき、あるいは対話したいと願う眼差しです。

これを、象徴的に語るならば、「私たちは心の中に、太陽の目と月の目を持っている」と表現できるかもしれません。

真昼の太陽の光のもとで、私たちは物事を筋道立てて考え、論理的に「あきらかに」しようとします。英語で"I see."といえば「わかりました」ということになります。「(光のもとで)見る」「光を当てて明るくして、それを見る」ことが、理解する、わかる、ということであるようです。これが「太陽の目」です。

○

一方、闇夜を照らす月の光は、太陽に比べると大変暗く、ものがぼんやりとしか見えません。私たちはそうした月の光と闇のあいだで、想像を巡らしたり、夢を膨らませたりします。暗がりの中に妖精や妖怪がいるのではないかと考え、あるいは、暗がりに守られて密やかな恋を育むこともあります。

「月の目」は、私たちの毎日をつつむ「目に見えないもの」を見る目です。

太陽と月は、古来多くの神話の中で、「ペア」として考えられてきました。月を男とする神話も少なくありませんが、主に女性性を象徴するとされ、太陽と月は夫婦であったり、姉弟であったりします。ギリシャ神話の太陽神アポロンと月の女神アルテミスは双子とされていますし、日本でも、天照大神と月読命《つくよみのみこと》はまさに、イザナギの左目と右目からそれぞれ生まれました。

太陽は明るく、強く、力に満ちていて、遠くにあり、いつも変わらない姿をしています。

一方、月は神秘的で、常に変化を続け、海の潮と連動することで、地球に「触れて」いるかのようです。

月経があり、子供ができるとお腹が大きく膨らむという女性の肉体の特徴は、月の満ち欠けのイメージにぴたりと重なります。

月が出るのは夜です。闇夜の中で、私たちは昼間とは違った感情を生きることになります。不可思議な夢は夜に紡がれます。愛の営みも、多くは夜の闇の中でなされます。

月明かりの下で書いた恋文を、朝の光の中で赤面しながら破り捨てるように、私たちは日常、月の世界の出来事を、太陽のもとで必死に隠しながら生活しています。

○

でも、あまりにもそれを隠しすぎ、無視しすぎているうちに、月の目でものを見、月の心を生きることを、忘れてしまった人も少なくないようにも思います。

大人になった私たちの多くは、クリスマスイブの夜に白い髭の、赤い服を着たおじいさんがこっそりやってきて、子供たちの枕元にプレゼントを置いてくれるのだ、とは、信じていません。

でも、その一方で、心の底から「サンタクロース」という夢を信じ、楽しみ味わうことができています。

かつて子供だった私たちのすべてが「サンタクロースはいない」と人生のどこかで知らされたはずなのに、相変わらずサンタクロースがクリスマスから消え去る気配がないのは、まだ幼い子供たちがそれを信じているから、ではありません。昔子供だった大人たちこそが、大人になってもなお、「サンタクロース」の真実を心から理解して、その世界を生きているからです。

子供にサンタクロースの夢を見せてやろうとする親のすべてが、自分の心の中に、真実のサンタクロースを住まわせています。だからこそ、子供の多くが、そりに乗ったサンタクロースが「実在する」と感じます。親たちの教えるサンタクロースは、けっして「嘘」ではなく、もっと大きな「本当」です。

私たちの中にある「太陽の目」と「月の目」は、そんなふうに協力しながら、どちらをも否定せずに世界を受けとることができるのです。

「月の目」をもっと豊かにたくましくするなら、そして、そこに「太陽の目」もうまい具合に働かせておけるなら、私たちは、大人としてクリスマスのサンタクロースという夢を生み出し信じるのと同じように、世界をもっと広やかに生きることができるのではないでしょうか。

そして、自分という個人とは無関係のように思えるこのよそよそしい世界を、確かに自分と結びついた、あたたかい世界に変えることができるのではないでしょうか。

○

妖精、占い、おまじない、天使、幽霊、パワーストーンやパワースポット。「夢の世界」＝「月の世界」は、私たちの生活の中に散らばっています。中には、「月の目」に囚われてしまい、「太陽の目」を奪われてしまったように見える人もいます。

そうした人たちから「占いとどうつきあえばよいのでしょうか？」といったご相談が寄せられます。

この質問に対して、たいていの人は「占い」の外側に立ち、「大人なんだから、ほどほどにしなさい」とか「一切、手を切りなさい」などと答えるしかないようです。ですが、その「答え」は、果たして本当に質問者の役に立っているでしょうか。

「占いに囚われてしまって、困っています」という方に、占い師たちはしばしば「貴方も自分で占いを覚えればいいのです」と応えます。

実際、占いをどっぷりやり始めると、自分のことなどほとんど占わなくなってしまうことが多いのです。かくいう私もその一人です。

「占いを覚えれば占いをしなくなる」ことの本当の意味を、この本を通して、おわかり頂けるかもしれません。

2章

月

○

「月」の印象

月。

古来、人の心を強く捉えて放さない、とても身近でありながら神秘的な天体です。

面白いことに、世界に無数にある月の神話の中には、

「月は昔、もっと大地の近くにあった」

「高い山に登れば、手で触れるほど近かった」

という表現が見られます。

月は事実、わずかずつですが、地球から遠ざかっています。

神話の創作者たちがそのことを知っていたかどうかはわかりませんが、ロケットに乗って30万キロ以上もの距離を旅しなければ月にたどり着かないとわかっているのに、現代を生きる私たちの目にも、月を見つめているとそれがごく近くに感じられます。

大潮が新月、満月と重なることから、月は水と結びつけられました。

さらに、妊娠した女性のお腹が膨らむことや、女性の月経周期が月の朔望の周期とほぼ一致することから、月は「母なるもの」「女性性」の象徴でもあります。

清らかな月

星占いの世界で、月は「母親、妻、子供の頃の出来事、感情、肉体、変化」などを意味します。心の奥底にある無邪気でいたいけな、冷たい論理の制約を受けない、やわらかな部分です。

その人の傷ついた感情や子供の頃の体験、いわゆる「トラウマ」と呼ばれるようなこと、親との確執なども、月で読みとれる、とされます。

◯

妊娠した女性のイメージを重ねられている一方で、月の女神アルテミスは「処女神」でもあります。

このことは、よく考えれば矛盾しています。

処女である限り、母にはなれないわけですから、「処女性と母性の両方を象徴する」というのは奇妙です。

でも、私たちは「お母さん」に、性的なイメージを重ねることをしません。フロイト的に考えるなら逆で、私たちは異性の親に性的な欲望を感じるものなのかもしれませんが、それは「タブー」です。私たちが心に描く「母なるもの」のイメージには、女性のセクシュアリティは含まれていないのです。

たとえば、「聖母マリア」は、まさに処女性と母性の象徴です。

キリスト教の世界では、人間は「原罪」を負っており、生まれながらに罪ある存在とされています。

ですが、キリストの母であるマリアは、人間なら誰もが持つはずの「原罪」から、生まれつき解放されていました。

マリアは彼女の母・アンナの母体に入ったとき、すでに清浄な存在だったというのです。

聖母マリアの受胎を描いた「無原罪の御宿り」は、絵画のモチーフとなっていて、ヨーロッパを旅行するとあちこちの美術館で目にすることができます。

「無原罪の御宿り」の絵にはしばしば、大きな月がアンナの身体に触れている図が描かれます。清らかさ、処女性、母性などのイメージを、「月」というモチーフひとつで、説明しきっているのです。

聖母マリアのイメージを「清らかさ」「処女性」「母性」などと言葉を並べて説明しても、この大きな月の説得力には、遙かに及びません。

私たちは、銀色に描かれた月の姿に、天国的な清浄や愛、清らかさ、母なるもののすべてを感じとるのです。

象徴は心にじかに入り込み、言葉の羅列では不可能な、広やかで深いイメージを伝達します。それはけっして論理《ことば》で分解することはできません。月の持っているあの、飲み込んでくるような不安な雰囲気と、慰撫し庇護するような優しい雰囲気とを、同時に伝える「言葉」は、なかなかないと思います。

私たちが月を目にしたときに抱く「印象」は、それ自体がひとつの「宇宙」である、と言えるかもしれません。

「見上げてはいけない」月

月は「善きもの」「清らかなもの」である一方で、私たちを怯えさせる「悪しきもの」「怖いもの」である、という考え方があります。

たとえば、月を「見ないほうがよい」という言い伝えは、世界中にあります。日本でも、女性は三日月から六日月までの月を見てはいけない、という話があったそうです。月食を見てはいけないとか、満月を見ると「ルナシイ」つまり「気が狂う」という言い伝えも有名です。

今でも、満月の折にはたびたび、

「満月を見るのはよくないと聞いたのですが？」

というご質問を受けることがあります。

実は、ちょうど昨日も

「恋人と一緒に満月を見るとよろしくない、と聞いたのですが、どう思わ

☽

れますか？　私は一緒に満月を見たいです」

というメッセージを頂きました。

「その方はどんな理由で『よろしくない』とおっしゃったのでしょうか？」

とうかがったところ、

「『身体が心変わりの時期を本能的に感じているから』だそうです。ジンクスのようです。満月＝終了、という解釈でしょうか？」

というお返事がありました。


この解釈でいくならば、もし、「心変わりの時期が来ている」ならば、「月を見ようが見まいが、その恋愛は終わりにさしかかっている」はずです。つまり、月を見ることによって何かが起こるのではなく、月と呼応するような状態がすでに、二人の間に起こってしまっているということになります。

百歩譲って、もしその「本能的に感じている」心変わりを満月が現実化、あるいは意識化させてしまうのだとしても、恋の終わりが多少早まるくらいのもので、本質的なことは何ら、変わらないはずです。「満月を見ない」ことで本質的に避けられるような別れがある、と考える人もいるかもしれませんが、少なくとも私は、そうは思えません。

この「恋人と一緒に満月を見るのはよくない、なぜなら心変わりを感じているからだ」という説は、不思議な構造になっています。満月を見たから心変わりする、のではなく、すでに心変わりの予兆があるところへ満月を見る、その事態がよろしくない、ということなのです。

すなわち、因果関係ではなく、満月と二人の関係が「照応」している、という考え方です。占いやおまじないの世界には、しばしばこうした考え方が登場します。

たとえば、私たちはよく「私は雨女だ」とか「あの人は晴れ女だ」などと言います。自分が出かけていくときは不思議と、晴れている。あるいは、自分が参加するイベントはたいてい、雨に見舞われる。そんな不思議な照応を表現しているわけです。

「私は晴れ女だから、明日の外出は大丈夫だよ！」

のように言うとき、私たちは「私が原因となって、結果、天候が変化する」という因果関係を主張したいわけではありません。むしろ「自分が出るときは、なぜか不思議と晴れている」というふうに、どちらが原因でどちらが結果かわからない状態を思い描いているはずです。

占いやおまじないの世界における「〇〇するとよくない」という言い方は、そうした「符号」のイメージをはらんでいます。

つまり、「禁じられていることをやってしまったら、それが原因となって必ず悪いことが起こる」というわけではないのです。

心を映し出す月

「月を見上げてはいけない」という言い伝えには、また別の意味合いも読み取れます。

それは、月が「よくない」ものであり、それを見ると「影響を受ける」ことになる、という考え方です。

これは、因果関係そのものです。

もちろん、月にそうした「悪いもの」があるという裏付けは、少なくとも今のところ、一切ありません。

たとえば、地中海のある地方では、「日焼けをしたら、月光浴をすると治る」という説があったそうです。この場合、月には太陽とは違う冷たい光の治癒力があると考えられているわけで、月は「いいもの」です。

月の光が「いいもの」か「悪いもの」かを、人間の側で感じとり、定めているわけですが、では、人間が感じとった、月の「よくない」面とは、どんなものでしょうか。

星占いの世界では、月は「感情」を象徴する、という話をご紹介しました。他に「意識下にあるもの、無意識」を月が担っているという考え方もあります。人間が、意志や思考ではない「感情」に囚われると、なかなか厄介です。たとえば、恋愛の激情に囚われたり、大切な人を喪《うしな》って深く傷ついたりしたときのことを想像してください（そういう体験がない、という人もいるかもしれませんが……）。激しい感情が私たちを支配したとき、私たちは自分でも思いがけない行動をとることがあります。激情に任せて泣き叫んだり、怒りを発したり、仕事や勉強が手に付かなくなったりします。こうした状態は確かに、望ましいものではありません。

月が、人の心の奥底にあるそうした激しい感情を象徴するものだと考えると、その光に「触れる」のを恐れる人がいてもおかしくありません。

また、月はその満ち欠けする姿から、豊穣や多産の象徴と捉えられてきました。豊穣や多産は、その背後に、人間の「欲望」を隠しています。たくさんのものを欲する貪欲が豊穣に結びつきます。性的欲求の結果が、多産です。

欲望は、激しい感情と同様、私たちを飲み込んでしまうことがあります。欲望を抑えきれなかったがゆえの後悔は、多くの人の経験するところです。


欲望や激しい感情、私たちの身体の奥に眠っているもの。

確かに自分の一部であるそうしたエネルギーを、私たちはなかなか、うまく乗りこなすことができない生き物です。隠された、生き物としての生々しいエネルギーを月の姿の中に映し見て、「それに触れることはよろしくない」「バランスを崩してしまう」「見てはいけない」という言い伝えが生まれたのだと考えると、納得がいきます。

私自身は、月を見ることが好きです。

ただ、「見てはいけない」とする考え方にも、興味深いものを覚えます。月の「清浄さ」の裏側にあるもうひとつの顔が、そこに捉えられている気がするからです。

私たちの身体の中には、たくさんの「思い」があります。大切な人を愛し守りたいという思い、幼いものを育みたいという思い、豊かに快く暮らしたいという思い。そうした、自分でも認めやすい思いのほかに、認めがたい思いというものもあります。

たとえば、嫉妬や憎しみ、恨み、怠惰、苛立ち、過去の傷の痛み、誰かに守ってもらいたい、甘えたいという願い、何かを支配したいという野望、ガマン、緊張、プレッシャーなど、あらゆる「隠しておいて、見たくない思い」というものがあります。これらも、私たちの「内なる月」です。

私たちはそれらを慎重に覆い隠していますが、それらを完全に無視して生きることはできません。

たとえば、幼い頃に父親と疎遠だった人が、大人になって、ずっと年上の相手にばかり惹かれる、というケースがあります。心の中に潜んださびしさや不安感、誰か強い人に守られたいという思いが、そうした形で「顕現」するということなのだろうと思います。

あるいは、若い頃恋人に手ひどく裏切られ、後にパートナーがいる相手にばかり恋をしてしまって悩む、という人もいました。彼女は、裏切られることが恐ろしいばかりに、相手を丸ごと受けとめなくてもよい状況を、自ら無意識に選びとってしまっているようでした。

このようなケースを見るにつけ、内なる「隠された感情」、すなわち「内なる月」と自ら語り合うことは、とても大事なことだと思えるのです。

なぜなら、彼女らは、自分がなぜそうした愛のパターンに捉われているのか、自覚していないからです。
「内なる月」は、語りかけなければ話し出しはしない、もう1人の自分です。

激しい暗い感情が自分を飲み込みそうなときに、そうしたものと対話するのは、時には、危険をともなうかもしれません。不安が募り、自分の心の動きが自分でも掴めないような気がするときに、月を見上げて心がさらに揺れる、と感じられるのであれば、月の光から遠ざかるのも、いいかもしれません。

月を「自分の心の鏡である」と捉えるならば、それを見るのも、見ないのも、自らの「内なる月」と対話しながら決めることができるのではないかと思います。

「お財布フリフリ」の面白さ

月は「膨らむ」こと、それが女性の妊娠に似ていることから、豊穣や豊かさの象徴とされることもありました。

現代でも、「満月の日には、月に向かってお財布を振る」というおまじないをする人が多いそうです。

丸い月は、金貨や銀貨のようにも見えます。

月が「満ちる」ことと、お財布の中身がコインで「膨れる」こと。いかにもぴったりのイメージです。

「月食のときには、お財布フリフリはしないほうがよいのですか?」

というご質問を受けたことがあります。

もし、満月と、お財布の中身が「満ちる」イメージを重ねているなら、

確かに、月に影がかかる月食は逆効果な感じがするかもしれません。

こうしたおまじないをするとき、「そうしなければならないのだ」と、まるでルールのように捉えてしまったり、「間違ったやり方をしたらとんでもないことになってしまう」と、呪いのように考えたりする人もいます。ですが、私はそうした考え方には賛成できません。

呪いやルールとして「守る」のではなく、あくまで胸の中にイメージを描くなら、おまじないは生き生きとした楽しさにあふれます。

「あの満ちている月のように、私のお財布もふっくらしますように！」

とイマジネーションを膨らませて祈る人であれば、他人に聞かなくとも

「月食は月が欠けるから、その瞬間はちょっと避けよう」

などと、自分で決めることができるはずです。

豊かなイマジネーションによって、おまじないの「呪縛」から、わずかにでも自由になれるのではないかと、私は思うのです。

月に「願いをかける」

「お財布フリフリ」にも通じるところがありますが、「新月の願い事」をする人もたくさんいらっしゃるようです。

月の満ち欠けについては、後ほど改めて詳しくお話ししたいと思いますが、新月は古くから物事の「スタート」のタイミングとされ、旧暦の世界では文字どおり、一ヶ月の始まりの日でした。そのことは今でもカレンダーの言葉の中に残っています。すなわち、一ヶ月の一日目のことを「ついたち」といいますが、これはもともとは「月立ち」だったのです。もとい、これには異論もあるようですが、「一日（ついたち）」が新月だったのは、事実です。

「始まり」の日に、願い事をするのは、私たちの自然な習慣です。多くの人がお正月に初詣をし、おみくじをひき、「一年の抱負」を掲げ、夢や目標を胸に刻みますが、それと同じイメージです。

一ヶ月ごとに願い事を更新していくというのも、面白いことです。私たちは自分が何を思い、何に悩み、何を考えているかを驚くほどすぐに忘れてしまいます。「起こったことの記録」ではなく「願い事」を刻んでいくのは、自分の心のありさまの変化を理解する上で、むしろ、ずっと有効であるという気がします。


「昨日の新月、お願い事をするのを忘れてしまったのですが、まだ大丈夫でしょうか?」

というようなご質問を、しばしば頂きます。

これもまた、胸に月のイメージを拡げていけば、答えが出るかもしれません。

たとえば、新月のあと、最初に見えてくるのは「三日月」です。つまり、新月の瞬間から2、3日経たなければ、私たちは生まれたばかりの月を目にすることはできないわけです。
夜明けの細い月が一旦姿を隠したあと、針のような三日月が夜空に現れるまで、私たちは月を目にすることはできません。であるなら、「月を目にすることができない時間帯」を「月が生まれ変わる時間」と考えることもできるのではないかと思います。

月の神様

月に願いをかける、という神話は、世界中にたくさんあります。

「継母や姑にいじめられた娘が、月に向かって『貴方のところまで私を引き上げて救って』と願い、それが叶えられて、月には少女の姿が見える」

（ロシア、中国）

「昔、月は人間が行けるくらい近い場所にあり、人々は願い事があると高い山から棹で空をつついて、願い事を言って月に叶えてもらった」

（ミャンマー）

「月は、母になりたがっている女性たちに霊魂をもたらす」（シベリア）

また、世界各地に「月の神」への信仰があります。

ギリシャ神話のアルテミスやセレネ、ローマ神話ではディアナまたはルナ、暗い月の女神ヘカテー、アジアでは月の女神ナナヤ、インドネシアのナヴァング・ヴラン、インカのキリャなど、その姿もさまざまです。

「神」にはさまざまな定義もあるのでしょうが、私たちの日常においては、「人間が、自分の力ではどうにもならないことを統《す》べる存在」と言えるでしょう。

遠足や運動会の日が晴れること、好きな人が自分のほうをふり向いてくれること、病気や怪我が治ること、お金が儲かること、勝負のゆくえ、試験、災難を逃れることなど、私たちは大きなことから小さなことまで「どんなに努力しても、思いどおりにはできないこと」に囲まれて生きています。そうした「思いどおりにはできないこと」について、なんとか自分の願ったとおりになってほしい！　と強く望んだとき、そこに「神様に祈る」という行動が立ち現れます。

どこか遠くにいる神様が自分に気づき、自分の願いに耳を傾けてくれる、というイメージは、私たちの不安な心を護ってくれます。

「神様なんかいるもんか」と考える人もいます。しかし、人間は、本当の危機に際したとき、世界と自分の繋がりを信じ、何か遠くにあるものに祈ることで世界にはたらきかけようとする生き物なのではないでしょうか。

太陽信仰と違い、月への信仰はどこか、個人的で、善悪を問われず、子供が大人に甘えるような気持ちをともなっているように思えます。「あのおもちゃを買って！」というようなワガママなおねだりも、月にならできます。

私たちは、太陽を肉眼で直視することはできません。でも、月なら、最も明るい満月であっても、じっと見つめることができます。

さらに言えば、いつも変わらぬ姿を見せる太陽よりも、一ヶ月の間に成長と再生を繰り返す月のほうが、なにかを「変える」「成長させる」願いにフィットする感じがします。

私たちの「祈り」は、変化や成長に関することがほとんどだと思います。問題が解決することや心配がなくなることもまた、ひとつの変化です。

もうひとつ、「この幸せが永遠に続きますように」という祈りについても、月の満ち欠けが規則的に、ほとんど永遠と思えるほど確かに続いていくことを考えると、妥当なように思われます。

私たちが望む「いつまでも変わらずに」は、生命力を失った石のような状態ではなく、呼吸や新陳代謝を繰り返しながらいつも生き生きとした状態を保てるように、ということであるはずです。

月は、変容と、繰り返されるサイクルとの両方を、私たちに「見せて」くれる存在です。地上のものがどう変わろうとも、空にあってリズムを刻みながら、いつも変わらぬ光を投げかけてくれる月は、願いをかけるに「ふさわしい」相手だろうという気がします。

月という「境界線」

ヨーロッパ中世の世界観の中で、「月」は、天と地の世界を分ける境界線でした。月の下にあるものが現世、自然であり、月から上の、惑星たちが支配する「天球」は、神々の世界とされたのです。

「必然性の領域から偶然性の領域への、朽ちないものから朽ちるものへの境界線」（C・S・ルイス『廃棄された宇宙像』山形和美監訳、八坂書房より）を、月が支配していたわけです。

いつのときも規則的に運動している星の世界は、私たちが住む地上の世界とは違い、神意の行き届いた完全な世界と考えられていました。一方、地上にあるものはすべて腐ったり朽ちたりし、不規則であり、偶然に支配されている、不完全な世界です。その両者を分ける「境目」に、月があるのは、とても面白いことです。

というのも、月の満ち欠けする変化に富んだ姿は、完全であるはずの天空の星々のことを考えると、限りなく人間の世界の「不完全さ」に近いイメージをはらんでいるからです。

前掲の本の中に、こんな一説があります。

「チョーサーの〈自然〉が――

満ちたり欠けたりする月の下にいるものはみな、
私の監督下にある

(『カンタベリー物語』c22-23行)

と述べるとき、彼女はその移ろいやすい領域を、何ものも成長したり減少したりしない月を越えた世界と区別しているのである」

月の世界が私たちにとって、天空の中でも最も「近い」のは、その物理的距離だけでなく、満ちたり欠けたりする「変容」のイメージにおいても言えることなのだろうと思います。

「因果関係」のワナ

私たちは、因果関係をすぐ、誤解します。

たとえば、幼い子供は、両親の離婚について「自分が悪い子だから両親が離婚したのだ」と考えてしまうのだそうです。

幼いからそのような誤解が生じるのだと思われるでしょうが、大人になっても日常的に、私たちはそんな拙い誤解をし続けています。

「呪術」的なものの考え方は、そうした誤解の隙間にいともたやすく、するりと入り込んできます。

「満月の影響で、こういうことが起こったのだ」と考えてしまうと、満月が恐ろしくなってきます。「Ａのせいで、Ｂが起こった」という因果関係の発想を、月の世界に持ちこむことは、少々、危険です。


「このおまじないをすれば、この願いが叶います」

「これを持っていれば、幸運が訪れます」

「月を見たら、不幸が訪れます」

こうしたお守りやおまじないは、たいへん魅惑的です。

でも、そこに「スイッチを入れたら電気がついた！」というような直接的な因果関係を持ちこむと、とたんに「呪い」の香りが加わります。


そもそも「自分では思いどおりにできないこと」を司る神様たちを、呪物で自分の思いどおりにコントロールできる、と考えるなんて、ちょっと不敬な気もします。幾多の神話に見られるように、神々は人間の「思い上がり」に大変敏感で、恐ろしい罰を与えることもあります。

もし「神様」がいるとしたら、お祈りやお守りに「これがあればうまくいく」式の因果関係を持ちこむ傲慢さは、かえって、願いを叶えることのジャマになるのではないでしょうか。


因果関係のワナから解き放たれると、おまじないや占いに対して、もっと自由に、イマジネーションを活かしながら関わることができます。

「これをしたから、こうなる」ではなく、私たちの内なるイメージと、天空のイメージとを「重ねる」ような気持ちで願い事をすれば、たくさんの夢を味方に付けられるのではないかと、私は思います。

カレンダーの中の「月」

旧暦の「一ヶ月」が、月の満ち欠けを基準に定められていたのは、皆さんもご存じだと思います。

ついたちは新月、十五夜が満月、そして、29日頃が「晦日」で、次の新月からまた新しい一ヶ月が始まります。

暦は「時間の長さ」を計る道具ですから、日付は「日数」で、それ以上の意味はありません。

ですが、月の満ち欠けに沿って時間を感じてきた私たちの先祖は、暦の中に、単なる「時間の長さ」だけではなく、時間の持つ色合いや意味までをも、感じとろうとしてきました。

たとえば、日本では江戸時代に「月待行事」というものが流行しました。夜遅くなってから出る月を待って、人々が集まって飲んだり食べたりし、月が出るとそれを拝むという行事です。これに集まった人々が立てた

●

「月待塔」が、今も各地に残っています。

時間の始まり、時間の終わり。

月齢をなんとなく意識しながら生活していると、単調な時間にも意味があるように感じられます。

「今は、物事が始まるときだな」とか「来週の満月までに、この仕事はけりがつくかな」とか、そんなふうに、物事の流れにリズムが感じられるようになるのです。

これはおそらく、月にそうした力があると考えるよりは、「目安」ができたおかげで、時間の感じ方に幅ができたということなのだと思います。

私たちは予定を立てるとき、自分の調子がよい状態が続いているという仮定のもとにスケジュールを入れがちですが、実際は、非常に調子がよいときもあれば、逆に、不調で何もできない時間もあるわけです。

1ヶ月という短い時間のなかにも存在する「調子のリズム」を意識するのに、月はとても使い勝手のいい物差しになってくれます。

月が刻む「時間」

テレビ番組などで、私たちがとても頻繁に月を目にしていることに、お気づきでしょうか。星や空などとは何の関係もないドラマやドキュメンタリー番組に、頻繁に月の映像が用いられます。

たとえば、4月の出来事を映した場面があり、その次に「それから2ヶ月後のことです」のナレーションとともに、月が映し出され、それから、6月の風景に切り替わるのです。つまり「月の姿」が「月日の経過」を象徴しているわけです。

「時間」は、目には見えません。

「時間が流れているところ」を撮影したいと思っても、それは不可能です。否、何を撮影してもそこには必ず、時間が映し出されているのですが、まるで、鏡を覗き込んだとき「鏡そのもの」を見ることができないように、私たちは「時間の流れ」そのものを見つめることができません。

ですが、月の姿は私たちに「時間の流れ」を感じさせてくれます。太陽と月の刻む光のリズムが、私たちに「これが、月日の流れだ」というふうに、時間の姿を見せてくれるのです。

むしろ、月の満ち欠けこそが私たちにとっての時間だ、と言えるかもしれません。時間の長さを刻んでいるはずの時計やカレンダーは、地球をとりまく天体運行のリズムを数値化し、情報化したものにすぎません。

では、月はどんなふうに時間を刻むのでしょう。

ふと夜空を見上げても、月が見えるときと見えないときとがあります。

月は太陽と同じく、東からのぼって西の空に沈みます。ただ、太陽と違うのは、のぼってくる時間が一ヶ月の中でずいぶん変わる点です。

一番わかりやすいのは満月です。

満月は、太陽が西に沈むのとほぼ同時に、東からのぼってきます。まさに「日が沈み、月がのぼる」という感じです。

逆に、夜空に一度も月が見えない日もあります。これが新月です。

「新月」という言葉が美しいので、しばしば

「ゆかりさん、今日は新月ですね！　新月を見たいのですが、何時頃、どこに出るのでしょう？」

というご質問を頂きます。

残念ながら「新月」を見ることはできません。

いいえ、ひとつだけ、新月を「見る」方法はあります。それは、日食を見

ることです。月が太陽に重なる日食はまさに、「目に見える新月」です。天文関係のお仕事をされているある方は、「日食は『本物の新月』です」と仰っていました。

太陽と月が同じ方向に来る新月は、目で見ることはできません。ゆえに、新月は、月の「死」と見なされることもあります。月の光は毎月、一度死に、再び蘇えるのです。

新月から満月へ、そして、満月から新月へ。

満月や新月の日に願いをかけるだけでなく、さらに、月がどんなサイクルを刻むのか、日常的に空を見上げて、月のリズムを感じとれれば、新月や満月の願い事の意味も、深みを増すかもしれません。

月のタイミングに合わせて農耕や生活のアクションを起こすとよい、という考え方は古くからあります。

それらの多くは、科学的な検証はなされていませんが、中には、科学者が真面目に研究対象とし、有効性が検証されつつあるものもあります。

もしも、月がなかったら

「月の時間」と聞いたとき、すぐに「ああ、旧暦のような、新月や満月を基準にした時間の見方だな」と考える人も多いでしょう。

でも、実は、それ以前に、私たちはもっと基本的な部分で、「月の時間」を生きています。

アメリカの宇宙学者で物理学教授のニール・F・カミンズは、月のない架空の地球を「ソロン」と名づけ、こんなふうに描いています。

「ソロンの一年は一日を八時間として一〇九五日である。季節によって異なるが、中緯度地帯では、昼の長さは毎日三時間から五時間である」

「木星や土星と同じように、ソロンは地球よりも強力でしつこい風につきまとわれる。（中略）ソロンのハリケーンは、地球のハリケーンよりもずっと強力でもっとひんぱんに発生し、最大風速は時速三〇〇キロメートル以上に達する」

「ソロンの風は地球の風よりもはるかに強いので、ソロンの波は地球で遭遇するどんなに激しい嵐よりも高くて猛烈であろう」

「ソロンでは、毎日の満潮と干潮の幅が地球のそれよりもずっと小さい。おそらく地球のそれにくらべて、干満の差によっておおわれる海岸は一〇〇分の一にも満たないだろう。したがって、生命が複製をつくることのできる岩の表面もはるかに狭くなる。ひとたび誕生しても、ソロンの潮汐は小さいので、複製された生命体の生息範囲はなかなか広がらない。このように生命の拡散が緩やかなので、ソロンでの生命の進化は、地球にくらべてずっと遅いだろう」

（ニール・F・カミンズ『もしも月がなかったら』増田まもる訳、東京書籍）

一日が8時間で、嵐が吹き荒れていて、生命の進化が今よりはるかに遅くて……。もし、このシミュレーションが正しければ、月のない地球は、私たちの知っている地球とは、かけ離れたものであるようです。

しばしば「月が人間に影響を与えている」ことの証拠として、女性の月経周期を例に挙げる人がいます。でも、この説には科学的裏づけはありません。なぜなら、月経があるのは人間と霊長類の一部のみですが、チンパンジーの月経周期は37日ほどだそうです。もし「月の影響」で月経周期が決まっているのであれば、サルも同じ周期でなければ理屈に合いません。

人間の女性の月経周期がもし、天体の「影響」でないなら、なぜ月の満ち欠けと同じ周期になったのでしょうか。以下は私の空想ですが、それは、人間が太古の昔から、月の満ち欠けを見上げていたためではないでしょうか。

音楽を聴いているうちに、身体が自然にリズムを捉えて動き出すように、長い長い時間の中で、不思議な満ち欠けのリズムを見続けていたら、そのリズムを私たちの身体が「捉え」て、月経周期ができあがったというわけです。日付を示すような線が刻み込まれた、三日月に似た角のようなものを片手にした「ローセルのビーナス」の像を思い出すと、月の姿に自分の内なるリズムを重ね合わせていた古代の女性の心を、感じとれるような気がするのです。

©Musée des Antiquites Nationales, St.Germain-en-Laye, France/Bridgeman
「ローセルのビーナス」

月の持つ「3つの顔」

満ち欠けする月の姿は、大きく3つに分けられます。新月から上弦の膨らむ月、満月、そして下弦の欠けていく月です。これらは、言わば、月の「3つの顔」です。

この3つの顔を、3人の女神のイメージに擬《なぞら》えて、あるいは女神自身が3つの顔を持つという形で表現されることがあります。

すなわち、新しく生まれる三日月のアルテミス、満ちる豊穣の月のセレネ、欠けていく暗い月のヘカテーです。セレネやヘカテーそれ自体が3つの顔を持った姿で表現されることもあります。

これらの神々はそれぞれが別の起源を持ちつつ、混同されたり同一視されたりしていますが、大まかに言って以下のように分類できるかと思います。

アルテミスは処女神であり、狩りの神様として弓を持っています。これは、新しく生まれた月、三日月のイメージに当てはまります。

セレネは繁殖や生殖と強く結びつけられており、「月満ちて」生まれるというイメージから、満月のイメージに近い存在です。

一方、ヘカテーは「闇月の女神」「魔術の女神」とされ、冥府の神の一人であり、夜更けにのぼりつつだんだんやせ細っていく下弦の月のイメージです。

闇の月

母なるもの、誕生、命を祝福する女神が、同時に死や、闇や、魔術などを司るもうひとつの顔を持つこと。

月の満ち欠けの中に、私たちの先祖はこの世界の明るい場所と暗い場所、生と死の両方を見てとったようです。

ウパニシャッドの世界では、月は「門」の役割を果たします。すなわち、死者の魂はまず月に至り、ここを通って、もう一度生まれ変わるものは地球に戻り、輪廻を終えたものは太陽に向かうのです。

死者の魂が月に向かうとする神話、死をもたらす天災が月からやってくるとする信仰も、世界各地に見られます。

すべてを奪い去り、破壊し、消し去ってしまう恐ろしい力も、月のもうひとつの側面です。

こうした神話は、現代を生きる私たちにとって、単なる古い伝説に過ぎないのでしょうか。

たとえば、強い依存により子供が自分で生きる力を奪い去ってしまう親や、子供の意志を飲み込んでしまうような強い影響力を持つ親がいます。親は子供を慈しみ育む存在と考えられていますが、その一方で、子供から

◐

若さや自立心を吸い取り、自分のものとして食い尽くしてしまう「親」もいます。

「教育ママ」や「モンスターペアレント」など、さまざまな社会的呼び名がありますが、母なる力は、けっして、優しく慈愛に満ちた顔だけのものではありません。弱い子供にとって、母親は自分を守ってくれる存在であると同時に、まるで無防備な自分を傷つけ、時には命を奪うこともできる存在なのです。

実際、子供を愛することができないという深い悩みを抱え、それを誰にも言えないまま苦しんでいる母親は少なくありません。自分が子供だった記憶を持つ大人たちは、彼女たちを手厳しく非難しますが、「愛せない」ことは、本当に本人だけの責任なのでしょうか。

こうした「母なるもの」の暗い側面は、いかにも「ヘカテー」的です。

「母性本能」という言葉は、母なるものに愛され守られたいというすべての大人たちの願望から生まれているのではないか、と私は思います。もちろん、子供ができた瞬間から、子供を深く愛し、子供から多くの幸福を得る親もたくさんいます。でも、現実の世界はそれ「だけ」からできているわけではありません。他者に対して何の迷いもなく「望ましいもの」だけを要求する「正義の人」は世の中に溢れていますが、その人たちはヘカテーの真実を忘れてしまっているか、そこから逃げ続けているように見えます。

私たちの「愛」や「母なるもの」は、けっして単純に清らかで美しいだけのものではないことを、月の神々の3つの顔が、教えてくれています。

ヘカテーが登場する神話に、王女メディアの物語があります。

魔法を使えたメディアは、英雄イアソンに懇願されて、彼の冒険を魔術によって助けることを約束します。彼の冒険とは、メディアの父王が持つ金毛羊皮という宝物を奪うことでした。メディアは彼に加勢することで、

◐

自分の父を裏切ることになるのです。イアソンはメディアと結婚することを誓いますが、この誓いを立てる相手の神がヘカテーなのでした。

のちに、彼女はイアソンに頼まれ、彼の叔父を若返らせる魔法を使いますが、このときも彼女が魔法に用いたのは、ヘカテーをまつる祭壇でした。

これほどに尽くしてくれたメディアを、イアソンは最終的に裏切ります。コリントスの王女と結婚したいがために、イアソンは彼女を捨てるのです。メディアは怒り、王女に復讐し、宮殿に火をかけて、蛇（龍の説も）の引く二輪車に乗って逃げていきました。

世界に、美しく善きものだけがあってほしい、とは、多くの人々の真昼の祈りです。でも、その祈りのとおりには、世界はできていません。

美しく善きものだけを肯定し、暗く湿った部分を無視し尽くしているうち、無視された部分は人を意外な曲がり角で待ち伏せます。

私たちの内なるヘカテーと語りあい続けることは、私たちが月の姿に見いだすべき、大切なテーマのひとつなのかもしれません。

よい月、悪い月

「三人の子を持っているお母さんがいましたが、あるときこの子らに、持っていたくるみを全部分けてやってこう言いました。『お母さんは全部分けてしまった。お母さんにも分けてくださいな』。一番上の子は、腐ったくるみを一つポンと放り出しました。二番目の子は、一番小さいのを選り出してよこしました。三番目の子が、大きくて美しいのを選んでお母さんに手渡しました。『お前は悪い子だ』。お母さんは一番目の子に言いました。『お前は人がみな最も憎むものになるだろう』。『お前は情ない子だ』と二番目の子に言いました。『お前は永久に休むことができないものになるだろう』。三番目の子をお母さんは抱きあげて言いました。『お前はよい子だ。みんなから愛され慕われるものになるだろう』……

三番目の子はこうしてお月様になったのです。お月様は、地上に美と平和をおくり、詩とうたでみんなから好かれています。二番目の子は風になりました。いつも不安で、泣き、わめき、怒っています」

（会田雄次『アーロン収容所』中公文庫）

このお話は、戦後、インド兵用に編まれた英語の教科書にあった、インドの民話だそうです。お話に出てくる「一番目の子」がなんであったか、ということに、この民話を紹介した著者はたいへんおどろき、こう紹介しています。

「一番目の一番悪い子は何になったのだろうか。読者はここで推察していただきたい、当てられるだろうか。

『一番目の子は太陽になったのです。炎熱と破壊と飢えをもたらす太陽になったのです』

なるほど、インドではそうかもしれない。ビルマでも私たちがつい、畜生！　と太陽を罵ったほど暑かった。日本の夏とは問題にならないのである」

暑い地方では、ひんやりした夜と月の光を、ことさらに愛する傾向があります。

一方、陽の射す時間が短く、寒さの厳しい地方では、夜の月を憎んだり、あるいは、月をせめて太陽の光に次ぐものとして大切にしたりすることが多いようです。

数年前に旅したベトナムのホーチミンシティでは、日が暮れてしまったあと、街灯に照らされた公園で、親子が賑やかに遊ぶ光景を目にしました。35度を軽く超える昼間の暑さからやっと解放されて、のびのびと街に繰り出す人々の表情は、月の光のように穏やかでした。

彼らにとって、月は「救い」でこそあれ、憎まれることはないのだろうという気がします。

月が刻む時間の基本

月の時間の基本的イメージは、以下のとおりです。

① 新月は「スタート」のタイミング
② 新月から満月までの時間（上弦）は、「増える」「育つ」時間
③ 満月は「満ちる」タイミング
④ 満月から新月までの時間（下弦）は、「収穫する」「長いスパンの

時間に備える」「新しい始まりに備える」時間

多くの伝承や生活習慣の中に現れる月のタイミングもこのとおりですし、星占いの世界でも、月の時間の扱いは、この考え方に準じます。

前述の神々に擬《なぞら》えれば、①と②は純潔で凜々しいアルテミスの時間、③は豊穣なセレネの時間、④は闇の月であるヘカテーの時間、と言うこともできそうです。

さらには、アルテミスの支配する若い月は「処女、乙女」に、セレネやディアナの満ちた月は「夫人、成熟した女性、母」に、欠けていくヘカテーの月は「老女」に、それぞれ、擬えられることもあります。

私たちは日頃、若々しいもの、生き生きしたもの、明るい場所、光を放つもの、美しいものなどに心惹かれ、それればかりを見つめますが、その一方で、暗く閉ざされた場所、老いていくもの、失われていくもの、醜いもの、生気を失いつつあるものとともに暮らしています。その世界には、叡智や悟りがあり、長い時間を見つめる力が備わっています。

アルテミスやセレネの躍動も、ヘカテーの瞑想も、同じく、私たちが暮らす「月の時間」です。

○

新月

新月にすべきこととして『月の本』（ドナ・ヘネス著、真喜志順子訳　河出書房新社）には以下のようなことが紹介されています。

・土の奥深くに根付くようにジャガイモを植える
・腐らないように、りんごを収穫する

・丈夫なひよこが生まれるように、雌鳥のおなかの下に卵を隠す
・魚がルアーによく食いつくので、釣りに出かける
・塀の支柱を立てると、長持ちする
・果樹に水をやる
・新鮮な露を集める

また、同書の中で、日常的な生活については、「月の時計」はこんなふうに解釈されています。
「たとえば、愛の告白、ビジネス、旅行、日記など、やりたいことを行動に移す絶好のタイミングです」

イランやエジプトでは、「新月が明けて最初に新しい月を見たとき、すぐに目を閉じなさい。そして、目を開いて最初に恋人の顔を見るようにしなさい。そうすれば貴方に幸運が訪れるでしょう」というおまじないがあ

○

ります。この「幸運」はもちろん、恋人の愛を得るという幸運であろうと思われます。

また、北欧のいくつかの地方では、新月に結婚を祝うことが多産と豊かさに繋がるとされたそうです。シベリアでも同じく、旅行や結婚生活を新月に合わせてスタートさせる習慣があります。

逆に「満月に婚礼をするとよい」とする地方もあるのは興味深いところです。アラブ地方などにそうした習慣が見られるそうです。

自分の結婚式や入籍日が満月や新月と重なった、という方から「これはどんな意味があるのでしょうか」というご質問を頂くこともあります。満月の日に重なる方は「愛が成就した」という感じを持たれるかもしれません。新月に重なる方は「これから新しい生活がスタートする」という気持ちを強くされるかもしれません。

「新月」は“new moon”ですが、たとえば先の伝承はこのように説明されます。“...when you first glimpse the new Moon you must quickly close your eyes and...”（新月を最初に見たときすぐに目を閉じて、それから…）

「新月」はあくまで、月と太陽が同じ方向に位置するタイミングを意味しますので、月はまったく見えない状態を言う言葉です。ですが、月にまつわる伝承を紹介した本には、しばしば「新月を見たとき」という表現が出てきます。これは、厳密には「新月のあと、初めて月が空に姿を現すのを見たとき」という意味になります。太陽のもとで一度「死んだ」月が、再び蘇った姿が、あの針のように細い、夕方の三日月というわけです。「新しい月」は、新月のあと2、3日して、目で見ることが叶うのです。

新月の時間

新月は、時間が「スタート」するタイミングです。

毎月巡ってくる「始まり」を、私たちの気持ちや体調が定期的にリフレッシュする節目と捉えることができます。

新月の前後は、体調が不安定になったり、眠気が増したり、気持ちが揺れたりする、と訴える人も少なくありません。でも、そうした不安定さは、「ターニングポイント」だと考えると、納得できます。

道がカーブするとき、車は大きく揺れます。電車も、大きなターミナル駅にさしかかると、ガタガタ揺れます。そんな「結節点・転換点」だから、状態が「揺れる」のだ、と考えると、不安定さも受け入れられる気がします。

◯

もとより、心や体調が「揺れる」ことと、物事がうまくいっているかどうか、ということは、まったくの別問題です。心や体調の揺れを即「いやな、怖い、悪いこと」と定義づけてしまう人も少なくないのですが、自分の中に波打つ「調子」と、身の回りに起こっている「出来事」とを少し区別してみると、「不安定だけれど、けっこううまくいっている」「不調だけれど、さしたる問題はない」というふうに、自分を取り巻く世界の見え方も変わってくるのではないかと思います。

新月に合わせるようにして、新しいプロジェクトがスタートしたり、面白いオファーが舞い込んだりすることもあります。

また、電球が切れたり、石けんがなくなったりと、「新しいものに取り替える」場面が新月に重なることもあります。

こうした「始まり」と新月が重なると、私たちは「目に見えない時間が切り替わったのだ」と感じます。

自分の生活と月の満ち欠けが結びついたように思えるこの感覚は、たいへんフレッシュで、わくわくするものです。

新月というスタート、という言葉から、「短距離走でスタートラインに並び、ぱん！　とピストルが鳴って一斉にスタートする！」というシーンを思い浮かべる人も多いと思います。

でも、そんなハッキリした形で巡ってくるものだけが「スタート」ではありません。

○

2012年11月、私は皆既日食を見にオーストラリアに行きました。日食は太陽に月が重なって見える現象で、つまり「目に見える新月」です。月の影が太陽の光を金色の指輪のようにくり抜く金環日食と違って、皆既日食は太陽と月の見かけの大きさが同じ状態で起こるため、月がぴたりと太陽を隠してしまうのです。

この皆既日食の日、日本では野田総理が解散総選挙を行う事を発表しました。これも十分「スタート」を感じさせるニュースです。

では、私個人はというと、この日食ツアーからの帰国直後、本書を書き始めることになりました。さらに時を置いて、執筆に本格的に取り組むことができるようになったのが、翌年春の月食のタイミングでした。

実は、この本の執筆の依頼はずっと以前に頂いていました。当初の予定どおりに進んでいれば、この本はとっくの昔に出ていなければならない本だったのです(!)。私なりに着手しようともがいていたのですが、なかなか書き出すことができず、ずっと「停滞」状態にありました。

それが、皆既日食を境に「こういう形で書けばいいのではないか」という新しいアイデアがじわじわと構想へ膨らみ、いわば「機が熟した」かのように、書き始めることができるようになりました。

それでも、そこから一気に書き上げる! というわけにはゆかず、さらに幾度かの「機」を捉えることが必要となりました。

「仕事をスタートさせるきっかけ・節目」がどこにあったか、と考えたとき、こんなふうに段階的にエンジンがかかっている場合も、あるのではないかと思います。

たった一瞬の転機や、たった1回のきっかけで、ドラマティックに何か

○

が始まることももちろん、あるかもしれませんが、何回かにフェーズを分けて先へ進んでいくことのほうが、むしろ、多いのではないでしょうか。

これらはもちろん、「気のせい」かもしれません。

でも、「スタート」の形はさまざまで、そこに日食や新月などが不思議な具合に重なっていたとき、私たちは「ああ、あのときに始めたのは、正解だった」という感覚を味わいます。

世界と自分の目に見えない結びつきを感じ、安堵できるのです。

私たちは「未来に何が起こるか」ばかりを気にして、「過去と今とがどんな位置関係・意味の関係になっているか」を検証することを、あまり行いません。

でも、私たちが無意識に行っているさまざまなプロジェクトや活動を「どんなふうに始まって、どんな峠を越えて、どこに着地したのか」、時間軸に沿ってたどってみると、そこに不思議な「時間の山谷」が見えてくることもあるのです。

新月という始まりに重ねられる「アクション」を、すでに出たものを含めてちょっとわかりやすく箇条書きにまとめてみます。

・暴飲暴食や喫煙などの悪習慣を断ち切る
・ダイエットやスポーツを始める
・新しいことや、やりたいことを始める
・願い事をする

これらは、「新月以外にやってはいけない」「これらが新月に重なると幸運である」と言われる場合もあります。

でも、それは前述のような「因果関係」の発想です。

○

私はむしろ、月の満ち欠けを何となく見上げつつ生活していたら、自然にこうしたことが新月に重なるのを「発見した」ときに、最も「月の時間を生きている」喜びが感じられるように思います。

自分を曲げて、ムリに天体に合わせることには、あまり意味がないと思うのです。

たとえば、やりたくもないのにムリに願い事をしたり、すぐにやりたいことがあるのに新月に合わせようとしてガマンしたり、新月だということをうっかり忘れてがっかりしたり、というのは、あまりにも「月を生きる」イメージにそぐわないことです。

「時間」には、善も悪もありません。ただ、膨らんだり萎んだりする「リズム」があって、音楽を耳にしたときのように、私たちが自然にそのリズムに反応したとき「何だか楽しい」と思えたら、それで十分、素敵なことではないでしょうか。

上弦

新月のあと、月が姿を現すのは2、3日後、夕方の西の空です。夕方早い時間、まだ夕焼けの薄明かりの残る空に浮かぶ針のように細い月は、私たちをはっとさせます。

月はそこから日を追うにつれてだんだんと膨らみを増し、夕方には天の高いところに見られるようになります。

夜更けには、私たちの多くは眠りに就きます。そして、起きるのは夜が明けてからです。

ですから、月を見る時間帯は、夕方から晩方に限られることが多いはずです。学校帰り、あるいは仕事からの帰りに月を見上げて、そのあと家に入り、たいていは朝まで、空を見ることはありません。

つまり、上弦の月は何よりも「見える月」なのです。

夜を少しずつ明るくする、「育つ月」でもあります。

日々少しずつ膨らみ、夕方に天高くのぼっている月に、私たちは「明るさ、成長する力、育っていく時間、未来への希望」などのメッセージを読み取ります。

三日月から満月へと至る上弦の月の時間には、以下のようなことが適しているという伝承があります。

・花や地面より高い位置に実る野菜を植えるのによい
・三日月の形状のものは、幸運のお守りとなる
・ラベンダーは新月から最初の半月までに植えるのがよい。そうすると、よい香りになる

一般に、種をまくこと、作物を植えること、成長させたいことをスター

トするのによい、とされているようです。さらに言えば、「短期的に結果が出る物事をスタートさせること」が強調される場合もあります。

そうしたイメージから、たとえば、同じ「髪を切る」のでも、短く切ってしまってあまり伸びてほしくない場合には下弦の月に切るけれど、これから長く伸ばすことを想定しつつ毛先だけ揃えたい場合は、むしろ上弦の、満ちていく月のフェーズで美容院にゆくほうがよい、という解釈が成り立ちます。

上弦、とりわけ三日月から半月までは、処女神アルテミスのように、純粋で初々しいイメージの時間帯と言えます。ほっそりした、生まれたばかりの月を見ていると、清冽な、迷いのない若々しさが私たちの心を清めてくれるような気がします。

満月

満月の日、太陽が西の空に沈むのと交代するように、東の空から月がのぼってきます。

満月は、星占いの世界では「満ちる」タイミングです。「満を持して」「月満ちて」などの言葉からもわかるように、物事、あるいは時間が「満ちる」と、新しい段階に入ります。

満月が「満ちる」イメージに最も重なるのが、お産です。月日が「満ちた」とき、お腹の中から赤ん坊が生まれます。「妊婦」の生活が「母親」の生活へと変化します。

そんなふうに、何らかのテーマが目に見えないところで次第に成長していき、「そのとき」が来たとき突然、成果や結果が姿を現すことがあります。

熟した果実をもぐタイミングも「時満ちた、そのとき」です。
星占いの世界では、満月の日に「それまで努力してきたことや積み重ねて来たことが、ひとつのまとまった形を得て、結果となる」という捉え方をします。育ってきたものがある頂点に到達したとき、時間のカラーが転換するわけです。

結婚式や引越し、離職する日、新しい仕事を始める日、大事な記念日などが満月に重なることがあります。そういうとき、多くの人が「後押しをされた」ような気持ちになります。人生に刻む大事な一歩が、ちゃんと「機を捉えて」いるという感覚を得ます。

前のページでもご紹介したとおり、満月の日に願い事をしたり、月に向かってお財布を振ったり、「浄化」として自分の大切にしているものや石などを「月光浴」させたりする人もいます。

月の光の中に不思議な力を感じて、その光を自分や自分の世界と「関わらせたい」という心の表れだと思います。

大きな丸い月は、子供の目を引きます。

「親子で『満月だね！』『お月様が出たね！』と楽しんでいます」というメッセージを頂いたとき、お子さんの目がまん丸く見開かれている、その輝きが伝わってきます。

●── 不安な満月

満月の前後は、私のもとにさまざまなメッセージが送られてきます。

「満月の前後は、身体の調子が悪くなります」

「満月が近づくと、身体がむくみます」

「満月の日はとにかく眠たいです」

「産婦人科に勤めていますが、満月の日は産気づく方が多くて忙しいです」
「こんなに感情が高ぶるのは、満月だからでしょうか」etc.

新月の日にも似たような訴えが寄せられますが、どうも、満月のほうが多いように思います。

空にまん丸なお月様がのぼると、私たちは「ああ、満月だ」と無意識に呟きます。そして、自分の身体や心の調子に思いを巡らし、「今はこんな調子なのですが、満月だからでしょうか」と、誰かに聞いてみたくなるのかもしれません。

一方、長文のお悩み相談や、意味のわかりにくいメッセージが増えるのも、満月前後です。これらのメッセージには、満月だということは特に触れられていませんし、それとは関係なく書かれているのですが、なぜか量

◐

が増えます。中には、悪意が混じったものや、ヒステリックな内容のものも少なくありません。こうしたメッセージやコメントが増えると「ああ、満月だなあ」という気持ちになります。

もちろん、これは単なる私の「体感」で、統計を取ったわけでもありませんし、満月以外の日におかしなメッセージが来ないわけでもありません。私自身、「満月」を強く意識しているからこそ、そのように認識にバイアスがかかるのかもしれません。

でも、妙なメッセージが増えた日に「ああ、満月だ」と思うことは、私にとっては心安らぐことなのです。みんな心が揺れているのだな、と思うことで、そうした激しく感情的なメッセージの衝撃を、やわらげることができるからです。

満月の日に、私はツイッターでしばしば、このようなことを書きます。

「満月は、星占いの上では『満ちる』タイミングで、いわば、コップやたらいに、縁ギリギリまで水が満ちたような状態だ。これを持って移動すると、水の重みで不安定になるし、水面はチャプチャプ揺れて、水がこぼれたりもする。でも、それは単純に『揺れて』いるだけであって、それ自体が『悪いこと』というわけではない」

「ターニングポイントはすなわち、曲がり角、カーブだ。ターミナル駅の線路だ。そういう場所を通るとき、車や電車は、大きく揺れる。でも、揺れたからといって『悪いことが起こっている』わけではない。曲がり角は揺れるもので、曲がりきったら、今までとは違う新しい景色が見えてくるだけだ」

満月の「影響で」不安定な気持ちになったり、体調を崩したりする、とは、私は考えていません。少なくとも今のところ、統計的にも物理的にも、そうしたことは証明されていません。

出産についても、さまざまな立場の人が科学的な説明をしようと試みましたが、統計的に有意な結果が出たと主張する研究もあれば、それを打ち消すような研究も多々なされていて、少なくとも今のところ「関連がある」ということは定説ではありません。


でも、「何となく不安定だ」「調子が悪い」と感じられたとき、それが満月と関係があろうとなかろうと、「今日は満月で、満ちるタイミングなのだ」と考えることは、別に問題ないだろうと私は思っています。

これこそが冒頭に述べた「サンタクロース」とのつきあい方に似ていますが、新月や満月といったタイミングは、私たちにとっていわば「聖なる日」なのです。

クリスマスや誕生日を「特別な日」と捉えるのと同じ感覚が、そこに生きているのです。

●―― 満月の伝承

新月に負けず劣らず、満月にもさまざまな言い伝えがあります。
まず、農耕の分野で、満月は大事な節目のタイミングでした。

「かつて農民たちは、収穫は満月のときに行うものと考えていた、田舎では、小麦を脱穀する際、よく乾くように、『月が欠けていくときに』束ねていた。月が満ちていくときに刈り入れた穀物は水分が多くやわらかいので、脱穀時につぶれやすいと信じられていたのだ」

「一七九二年から毎年発行されている『古老農家の暦（Old Farmer's Almanac）』は、花や地面より高い位置に実る野菜を植えるには、月の陽の時期、つまり『新月から満月までのときがよい』と読者に薦めている。反対に、『地下に実る作物を植えるのは、陰のとき、つまり満月の翌日から

◐

新月の前までがよい』」

（ベアント・ブルンナー『月』山川純子訳、白水社）

新月のページでもご紹介しましたが、アラブでは満月に合わせて婚礼をすることがありますし、古代ギリシャの人々、ケルト人、中世ドイツのユダヤ人も、満月を選んで結婚しました。

面白いところでは、アラスカに「1月の満月の日、シャーマンが鮭の面をかぶって、漁網に入って鮭を誘惑する」という祭礼があるそうです。

・満月の夜に生まれた子供は丈夫に育ちやすい
・満月は恋愛に善い影響を与える
・月の光に当てると、肌や洗濯物が「白くなる」
・子供に恵まれない女性は、月光を浴びながら裸で水浴するとよい
・愛を営むことや、人工授精にもよい（！）

・出血が多くなる、生理が始まる

すべて、裏付けがあるわけではありません。

ただ、何かが膨らむ、満ちる、豊かになるというイメージと重ねられていたり、月光の「白さ」に注目していたりすることがわかります。初めてその説を耳にしたとき、私たちの心は「さもありなん」と、直観的に了解します。

日焼けではなく「月焼け」をした女性は、肌が白くなる、という話を聞いて、銀色に輝く満月を思い浮かべ「なるほど、なるほど」と微笑みたくなるのは、私たちの「心」が、そのようなイメージを受けとめる力を持っているからなのでしょう。

自分との約束「満月まで待とう」

「彼からの連絡を待つことにしたのですが、つい自分からメールしたくなってしまいます、どうしたらいいでしょう?」

「ずっと頑張っているのにいつまでも状況が変わらないので、イライラしてしまいます。いつになったらトンネルから出られるのでしょう?」


こんなご質問を頂くことが、しばしばあります。

こういうとき、そのタイミングから一番近い新月や満月を調べて、「その日まで待つ、と決めてみてはいかがでしょう」と提案します。

あるいは、自分の一存でスケジュールを決められるのだけれど、いつにしようか、と迷っている人にも、「本当にいつでもいいのなら、月齢を目安にするのも面白いですよ」とお話しすることもあります。


「次の満月まで待とう」

これがけっこう、「効く」のです。

「次の月曜日まで」とか「今月いっぱい」とかいうカレンダーの上の数値よりも、あのまん丸な月のイメージを思い浮かべるほうが、何となく説得力があるということなのかもしれません。

世の中には難しいことがたくさんありますが、何かを「待つ」ことは、その最たるものです。待つことは、相手に時間を与えることであり、相手の自由を尊重することです。辛抱強く待っても、それが「評価される」ことはまず、ありません。でも、私たちは人生の中で何度か、「待つ」ことを要求されます。

月は、「待つ」私たちの味方になってくれます。満月まで待とう、新月まで待とう、という物差しは、私たちの「待ち時間」に、生き生きした意味を与えてくれます。

月と「待つ」行為をシェアし、あるいは預けてしまうことで、私たちは待っている時間を、自分自身のものとすることができます。

満月や新月まで、と決めて待っている間に、自分の心が思わぬ形に変わっていくこともあります。

私たちは、つい、「変わっていくのは他者や外界で、自分自身は変化しない」と感じがちです。

でも、私たちの人生で最も大きく変化するものは、たぶん、自分自身です。

月の3つの顔、そして変容する姿は、なによりも私たち自身の内なる心の表れです。

下弦――満月から新月へ

満月を過ぎると、「月の出」はだんだん遅くなっていきます。欠けていくのはもちろんですが、徐々に、夜更けにならないと月がのぼらず、明け方にしか姿を見せなくなります。この時間帯、私たちの多くは眠りはてていて、月を見上げることはありません。

月は「欠けていく」のと並行して、「姿を見せなくなっていく」のです。下弦の月が「闇の月」「暗い月」と言われるのは、この2つの「減光」のためだろうと思います。

この時期の月が、「暗い月の女神」ヘカテーのイメージに重ねられる、というお話を先にご紹介しました。

「ヘカテー」という名前は、一説には「遠くにまで力の及ぶもの」「遠くまで矢を射るもの」、または「意志」という意味の言葉に語源を持つと言われます。遠い未来までを照らし出す意志の月。その暗さは、思慮深さや心の深さを象徴するように感じられます。

「遠くにまで力の及ぶもの」の語源どおり、下弦の月の間にするとよいと言われることのいくつかは、「長い時間」の意味合いを帯びます。

・地下に実る作物（芋など）を植える
・小麦の脱穀を行うとよい（湿気が少なく、よく乾く）
・チューリップなど、球根の植物を植える
・掃除や洗濯を行う
・伸びやすい爪や髪を切る（伸びにくくなるように）
・材木となる木を伐採する
・新しい服や道具をおろすのにはよくない
・この時期に生まれた赤ん坊は弱くなる
・不要品を処分する
・壊れたものを修理する
・家畜を捌《さば》く
・ダイエットを始めるとよい
・喫煙や飲酒などの悪習を断ち切るのによい

・ジャムなど、長期保存用の食べものを作って備蓄する
・新月に近い月齢のときは、怪我や手術などをしても出血が少ない

これらも、統計的・客観的な裏付けには乏しい説ですが、「欠けていく月」のイメージに見事に合っています。

この中には、その妥当性が研究されているものもあります。

それは"Moon Wood"と呼ばれる、材木の話です。


「月相が木材の質に影響すると信じる人々もいる。ある月相のとき、特に新月の前日に切った木材を『ムーン・ウッド』と呼び、丈夫で、暖炉の調理器具として使えるなど、特別な性質をもつとして珍重するのだ」

「ベルン大学の応用科学教授エルンスト・ツュルヒャーは、精密な計測器を用いて、新月の直前に切られた木は、満月の直前に切られたものより細

胞内に水分を多く含むので、より重く、従って頑丈であることをつきとめた。ツュルヒャーの考えでは、この現象は月の引力のなせるわざではなく、樹木がもつ水の効率的循環機能によるものだという。新月の前、月は盾のように太陽風から地球を守るので、その影響で木の細胞内に水がとどまるのではないかと仮定したのだ」

（ベアント・ブルンナー『月』前掲書）

この説は、必ずしも定説とはなっていないようですが、生物の中の、月齢とシンクロするサイクルの存在は、完全には否定できないようです。

満月の日、ウニの卵巣が膨らむことや、海に棲むある種の虫がかならず、下弦の半月から新月までの間に産卵することや、コウモリや齧歯類の生き物の中には、月のない夜に活発な動きを見せるものがいることや、逆に、猿の仲間の中には、満月の夜に活気づくものがいることなどが、確か

められています。とはいえ、こうした現象は「月明かり」を感知すること
によるものと考えられています。

電気がゆきわたり、街なら夜でも昼のように明るく、月が出ているかどうかなどわからなくなってしまった現代において、「新月の夜」や「満月の夜」という言葉は、むしろ古代よりもずっと魔術的な意味を持つようになっています。

視覚的に「月明かりに影響を受ける」ことが、都会ではほとんどありません。満月でも、強いて空を見上げなければそれと気づくことはありませんし、見上げたとしてもそこに高いビルがあれば、満月は隠されます。

灯りのない古い時代には、闇夜を照らす月は、生活に密着した重要な「照明」でした。月のある夜は比較的活安が良く、いくつかの外での農作業もできたのです。

ですが、現代に生きる私たちにとって、月が「見えるかどうか」という

ことは、大きな問題ではありません。そのために、かえって月の「神秘性」が増しているようにも思われます。

下弦の月の時間

下弦の月は、新しい始まりである新月に向けて「やらなければならないこと」を象徴しているように思われます。

この時間のイメージは、「定まっていく、着地していく、収まるべきところに収まっていく」といったものです。あるいは、「熱が引いていく、固まっていく、形を得て行く、軌道に乗る」時間でもあります。

新月に始まったことがぐんぐん伸びていって、満月で頂点に達し、新しい世界への扉が開かれた後で、次第に「今までやってきたことをまとめ、シェアし、未来に結びつけていく」作業が進む時間、と言えるかもしれません。

「そこでは教師は、親切で情け深い母であるばかりでなく、生命の破壊役でもあるのである。というのは、彼女は、子どもが明日また何かを造りだすために、子どもの作った山の砂をふた付きの大箱の中にもどしたり、コップやボウルの粘土を塊にしたりして、毎晩せっせと子どもたちの創造物をばらばらにするのである。代々の子どもたちが砂も粘土も使いはたし、それを永久の作品として固定しておいて、そのため、その後の生徒たちは自分の能力を使う余地がなくなり、代りに先輩たちの作品をただ見つめる運命を背負わされるのでは、もうこれは教育と言えるようなものではなかろう」

（M・エスター・ハーディング『女性の神秘』樋口和彦・武田憲道訳、創元社）

破壊者である「母なるもの」は、命が変化し動き続けることによって命たりうることを知り、破壊役を敢えて担っています。

老いていくこと、物事が失われていくこと。
私たちはそれを、強烈に恐れます。若さを保とうとし、力が衰えることを恐れ、薬や化粧品や魔術を多用することは、昔も今も変わりません。若返りの薬や惚れ薬を作るおどろおどろしい魔女の絵は、今、ドラッグストアやテレビショッピングに惹きつけられる私たちの姿と、なんら変わるところはありません。

その一方で、若さや美しさが破壊されていくからこそ、私たちは新しい命を生み育てようとするのかもしれません。自分が蓄積した知恵を若者に伝え、自分の創り上げたものを後世に残そうと願うのは、枯れ衰えていくヘカテーがアルテミスに向かって放つ、遠い未来まで届く「矢」なのかもしれません。

「機」や「秋《とき》」

ここまで、月の3つの顔について、さまざまな伝承やお話をご紹介してきました。

一ヶ月のうちに、時間がはじまり、時間が満ちきり、時間が次の始まりを目指す、というサイクルは、ビジネスにも、健康にも、生活のあり方にも、恋愛にも、およそさまざまなことに当てはめることが可能です。

新しいことや大事なことを始めるタイミングを新月に合わせたり、目標達成の期限を満月に定めたりするのは、楽しいことです。

しばしば「これは満月の日にやったほうがいいのですか?」「新月の日にこういうことをしたらいけませんか?」などのご質問が寄せられます。

これは、人によってさまざまな意見があると思いますが、私自身は、月や星がある場所にあったからといって、何かをしたほうがよいとか、してはいけないということは、一切ない、と考えています。

満月の瞬間に祈るべきだとか、新月にスタートさせなければうまくいかないとか、満月を見てはいけないとか、月食を見ると不運だとか、そんなふうには、私は、考えません。

●

「機が熟す」「秋《とき》がくる」という言い方があります。これは、時計では計れない、物事と物事が嚙み合うような、特別な時間のことです。

ギリシャ神話の世界には、時間の神様が二人います。

すなわち「クロノス」と「カイロス」です。

「クロノス」は時計やカレンダーで計れるような、過去から未来に一方通行に流れる時間のことです。私たちは日々、クロノス時間を基準にスケジュールを組み、生活しています。

一方の「カイロス」は、前述の「機」や「秋《とき》」に近い時間です。

たとえば、相撲の「立ち合い」、つまり試合をスタートさせるタイミングには、時間制限があります。でも、この「制限時間」はラジオの放送が始まってから生まれたものでした。かつて神事であった相撲の世界では、あくまで「お互いのタイミングが嚙み合った瞬間」こそが、取り組みの瞬間だったのです。こうした瞬間は、時計で計ることなどできません。

他者と自分、世界と自分、物事の流れと自分。そのあいだに、かちゃん！　と歯車が嚙み合うような特別な瞬間を、私たちは「機が熟す」「秋《とき》がくる」などという言い方で表現します。こうした「カイロス」の時間は、私たちの内側にしか感じとることができません。

もちろん、こうした「カイロス」的タイミングが、満月や新月と重なることもあるでしょう。

●

ですが、逆にムリヤリ新月や満月に「カイロス」を重ねるよう仕向けたり、あるいはそれを強く期待したりするのは、妥当なことではないような気がします。

相撲の立ち合いのようなイメージを思い浮かべると、このことはよくわかります。お互いのタイミングがふわりと嚙み合う瞬間は、人のコントロールできる世界の外側にあって、私たちがそこにたどりつくのを、静かに待っているのです。

私自身、まっ白な原稿を前にして、〆切が近づくのを感じながら何も書けないで苦しむ日もあれば、自分でも驚くようなスピードで書ける日があります。

スポーツ選手などが「スランプ」に落ち込み、さんざん悩み苦しみながら努力を重ねて、そこから不意に抜け出します。スランプから抜け出す瞬間は、言うなれば、自分の心と身体が嚙み合うような瞬間であり、あるいは、受胎から出産に至るまでの、どうしても必要なプロセスを経た上での「秋《とき》」なのだろうと思います。

そんなふうに、「カイロス」はあくまでその人をとりまく世界に熟するもので、それが必ず天と一致するとは限りません。どんな月齢だろうが、自分の心に深く納得できるタイミングこそが、「そのとき」です。

大事なイベントが偶然、満月に重なったり、新月と同時に新しい化粧品や服をおろしたりすることになった場合、「ああ、今日はそういう月だなあ」と感じるのが、私は好きです。

たくさん買い物をしてちょっと後悔したときも、その時間が満ちていく月のタイミングであれば、「きっとこれがこの先、役に立つのだろう！」と、気持ちを切り替えることができます。

仕事が滞ってスランプに陥ったときも、「次の満月にはきっと、気分も変わるだろう」と思えます。

　自分の活動と天の動きが同じリズムだと感じられるとき、私たちは、「世界と自分が結びついている」という気持ちになります。そこに、不思議な安心感が広がります。


「お日柄」や「時期」が妙に気になるときは、そのアクション自体に納得がいっていない場合も多いようです。入籍の日取りや引越しのタイミング、辞表を出す日などについて悩んでいる方に、よくよく話を聞いてみると、そのイベント自体に強い迷いがあって、覚悟が決まっていない場合がけっこう、あるのです。

　この人たちは、結婚や転居、退職など、人生における非常に大きな問題を前にして、その問題と深く取っ組み合うことを恐れています。だからこそ、本来悩まなければならないことに背を向けて、「日取り」で悩んでしまうのです。これは、悩んでいるようで、悩む「フリ」をしているだけなので、日取りもなかなか決まりません。

心の底から納得できている選択であれば、「日取り」など気にならないことがほとんどです。


「この月齢でこれこれをしなければならない、そうしなければ失敗する」というのは、ジンクスを超えた、ある種の「呪い」です。

美しい月を「呪い」に用いるのは、悲しいことだと思います。

そうではなく、月を「希望」として用いることができれば、こんなに素敵なことはありません。

カレンダーが刻む時間だけではない、もっと生き生きした時間が存在することを、月が教えてくれるのです。

3
章
占星術と月

月のサイクル、太陽のサイクル

●──誕生日とソーラー・リターン

「私は2月29日に生まれたのですが、誕生日が来ない年は寂しいです」

そんな内容のメッセージを頂いたことがあります。

閏年の2月29日に生まれた人は、4年に一度しか、カレンダーに誕生日を見つけることができません。これは確かに、残念な気持ちがするだろうと思います。

星占いで「私は双子座です」というのは、「私が生まれたとき、太陽は空で、双子座のエリアに位置していました」という意味です。

誕生日は、実は、カレンダーの上だけのものではありません。誕生日には、自分が生まれたときとほぼ同じ位置に、太陽が戻ってくるのです。

ですから、誕生日の夜には、自分が生まれた日の夜に輝いていたのと同じ星々が輝くことになります。

誕生日は「生まれたときと同じ星が巡ってくる日」なのです。そして、一年分の新しい「太陽の時間」がここから、スタートします。

ただし、誕生日は太陽が「完全に同じ位置」に戻ってくる日、ではありません。年によって、誕生日と1、2日ずれることもあります。

星占いの世界では、カレンダーの日付よりも星の位置を優先します。ゆえに、その人が生まれた瞬間に太陽があったのと同じ位置に太陽が「戻ってくる」タイミングを、「ソーラー・リターン」として、大切にします。

ソーラー・リターンは、太陽のサイクルがリセットされ、新たにスタートするタイミングです。つまり、自分の一年のサイクルが、ここで新しく再生するということになるのです。

生まれた瞬間と同じ位置に太陽が戻ってくる瞬間である「ソーラー・リターン」は、2月29日生まれの人にも、毎年やってきます。

ですので、前述のメッセージには「ソーラー・リターンをお祝いしてはどうでしょう」とお返事しました。

すると、「生まれた日の居場所を見つけたみたいで、とても嬉しいです」というお返事を頂き、はっとさせられました。

生まれた日の居場所。

空にはちゃんと、私たちが生まれた日の「居場所」があります。それが巡ってくるのがお誕生日であり、ソーラー・リターンです。

毎年、お誕生日の頃に、私たちは自分の人生の「居場所」がこの世に確かにあることを、確かめているのかもしれません。

●――ルナー・リターン

太陽が一年に一度「生まれたときの位置」に巡るのと同じように、実は月も、「生まれたときの位置」に戻ってきます。

これを、「ルナー・リターン」と呼びます。

月は太陽よりもずっと動きが速いので、「ルナー・リターン」は約一ヶ月に一度です。

月は、星占いの世界では、「感情、肉体、無意識、母なるもの、心、変化」などを象徴する、ということを前にご紹介しました。

つまり、「ルナー・リターン」では、私たちの心や身体のリズムが「一周する」「ひとつのサイクルを終えて、新しいサイクルに入る」わけです。

新月・満月も約一ヶ月の時間を刻むひとつのサイクルですが、これはすべての人に共通のものです。一方、ルナー・リターンは、自分の生まれた月によって決まる「自分のサイクル」です。

自分が生まれたとき、月が空のどの位置（何座）にあったのかを調べるのは、太陽ほど容易ではありません。

今は、インターネットに無料で生まれたときの星の位置を計算してくれるサイトがありますので、「ホロスコープ　無料」などのキーワードで検索してみてください。

もちろん、このことにもこれまで述べてきた「伝承」と同様、客観的な裏付けがなされているわけではありません。

ただ、気持ちの浮き沈みや身体のリズムなどを考える上で、一ヶ月の中に刻まれる、満月、新月、ルナー・リターンなどの「節目」は、なかなか使い勝手がいいということは、言えるように思います。

月齢と受胎

星占いの世界における「伝承」をもうひとつご紹介しましょう。

「子供が欲しいのになかなか授からない人は、自分が生まれた日の月齢に近い日に、愛を営むとよい」という説です。

これも、科学的な裏付けはありませんが、何となく心に響く、魅力的な「伝承」です。

自分が生まれた日の月齢も、インターネットなどで調べることができます。

月のボイドタイム

星占いに少し関心のある方なら「月のボイドタイム」という言葉を耳にしたことがあるかもしれません。

◐

ここでは、詳しい技術的な説明は省きますが、少なくとも3日に一度は、この「ボイドタイム」という不思議な時間が巡ってきます。月だけでなく、星占いで用いる天体すべてにこの「ボイドタイム」は発生します。なかでも最も頻繁に巡ってくるのが、動きの速い月のボイドタイム（月のボイド・オブ・コース）です。

ボイドタイムという時間帯はたいてい、こんなふうに語られます。

・その時間に抱いた心配は「無効」になる
・物事が予定どおりに進まない
・この時間に決定したことは、あとで変更されたり、無効になったりすることがある
・風船の糸が切れたような時間帯
・この時間帯に突発的に発生したことには脈がある

・軌道を外れる、道草を食う
・酒を飲むくらいしかやることがない（！）

なんとも不思議な時間帯です。

ボイドタイムは、数分の場合もあれば、数日間続くこともあります。


あるラジオ番組で、リスナーから寄せられたハガキを元に、パーソナリティーがリスナーに電話をかける、という企画がありました。

ハガキを送ったリスナーたちは、「自分に電話してください」とリクエストしており、その時間帯も知っています。

なのにある日のこと、パーソナリティーが何度電話をかけても、誰にも通じないのです。いろいろな人に電話をかけているのですが、お話し中であったり、留守電であったり、とにかく、誰も出てくれません。

私はこの番組を聴きつつ、星占いに用いる暦をチェックしたところ、みごと、ボイドタイムでした。

ボイドが終わる頃、やっと一人のリスナーに電話が繫がり、番組にはほっとした空気が漂っていました。

とても「ボイド」のイメージに合った出来事だなあと思いました。


一方、こんなこともあります。

ある人が、中古の自動車を買おうと、何週間もいろいろ物色していたのですが、ある日突然「新車も買えるのではないか？」と思い立ち、お店に出かけたところ、手の届く金額でとても気に入った車が見つかり、即決したそうです。

この「ふと思い立ち、新車を買うことを決めた」のが、丸一日、月のボイドタイムに当たっていたのです。


ボイドタイムを「悪い時間」と捉える人も少なくないのですが、私はむしろ「自由な時間」「縛られない時間」と捉えるほうが、楽しいのではないかと思います。さらに言えばもちろんこれも、科学的に証明されていることではまったく、ありません。

「ボイドタイムに大切な面接があるのですが、うまくいくでしょうか」というようなお問い合わせを、しばしば頂きます。

人によって信念や考え方が違いますから、一概に「こうです」と言えるものでもないのですが、私の場合は、「特に気にすることはないと思いますが、どうしても気になるようなら、変更してもらうのもいいのではないでしょうか」とお応えします。

これはつまり、前述の「クロノスとカイロス」のお話のとおりで、いろいろな事情が噛み合わされて生まれた時間が、面接や手術の時間なのですから、それが「機」だと私には思えるのです。

もし、面接がうまくいかなかったとして、「ボイドタイムに面接をしたからうまくいかなかった」のでしょうか。それは、わかりません。

あるいは、面接が「ボイドタイムに設定された」ということ自体が、「その面接に通るべきでなかったということを意味している」と解釈することもできます。

「正しくない時間に行われたら、物事が失敗する」という考え方は非常に古くからあります。日本では今でも婚礼には大安吉日が選ばれますし、ベトナムでも、婚礼や葬儀などの日を僧侶や占い師に決めてもらうのが「常識」なのだと聞いたことがあります。

星占いの世界にも「エレクショナル」という技法があり、最もよい時間を選定する占いが行われるのはごく一般的です。

でも。

私はあえて、占いによって算出される時間よりも、自分と世界の間に自然に、出会いのように成り立つ「カイロス」「機」に、もっと信頼を置きたいと思います。

そのほうが、星の時間に「縛られる」より、ずっと豊かに人生を味わえる気がします。

では、ボイドタイムはどう使うかというと、私は「うまくいかないときの言い訳」「すれ違ったときの気休め」としています。

なかなかメールの返事が来ないとき、どうも気分が乗らなくて仕事が捗らないとき、やらなければならないことがあるのに眠くて仕方がないとき、何となく怠けてしまったとき。

そんなとき「ああ、ボイドタイムだから仕方がない」と思うことで、気持ちを安んじ、ボイド終了と同時に気持ちを切り替えられるならば、こんなに便利な「時計」はありません！

4
章
世界の地図

○

3つの「世界」

この世に生まれ落ちてすぐの記憶を再生できる人は、ほとんどいません。作家の三島由紀夫は、生まれた瞬間の光景を記憶していた、という話を聞いたことがありますが、これはレアケースでしょう。

私たちは、なぜ自分たちがこの世界にいるのか、この世界とはそもそも何なのか、まったくわからずに生まれ、育ちます。

自分を取り巻いているものがいったい、何なのか。それを大人に尋ねると、彼らはものの名前や社会のルールを教えてくれますが、自分たちがどこから来た何ものなのかということについてはよくわからぬままに幼少期を生きます。

大人になってわかることは、科学が解明したいくつかの「世界のしくみ」と、そのほかに、先祖や生きている大人たちが取り決めた、生きるための定石です。大人になっても、生まれる前や死んだ後のことは、それがどんなものなのか確かめることができません。

私たちは生まれてから死ぬまで、この広い宇宙の中で自分が「どこから来てどこへ行く、何ものなのか」はっきりとはわからないままでいるわけです。

「わからない」状態は、不愉快です。

私たちは「わからない」状態を、嫌います。

ですから、なんとかして「自分たちは何なのか」を知ろうとします。

世界と自分たちの間柄を知りたいのです。

自分がどこから来て、どこに行くのか。

自分というものはいったい、何なのか。

この執拗な問いが、私たちの心には生まれつき、こびりついています。

○

私もしばしば、読者の方から「私は何のために生まれてきたのでしょう？」という問いを受けとることがあります。

この問いは、自分の適職や結婚についての関心を意味している場合も多いのですが、たとえそうであっても、それ以上に、「人間はどうして、何のためにいるのか」という問いが、私たちの心にこびりついている、そのことの表れだと思うのです。

●――心の中にある「世界のマップ」

たとえば、その答えのひとつが「神話」です。「創世記」や「古事記」のような、世界が生成されるときの神話です。

神様がいて、その神様がこの世界を作りだし、さらに、私たち人間を作りだしたのだ、という物語は、私たちと「世界」を結びつけてくれます。

「私たちは神様の子供なのだ」「私たちは神様の意志で作られたのだ」と

いう歴史が、私たちの人生に意味や価値を与えてくれるのです。

「神話の世界」は、私たちが暮らしている世界の「外側」にあります。私たちがどう頑張っても見ることはできない場所に、神様はいます。

この先どんなに人間の秘境探検や科学的研究が進もうとも、「神様のいる場所にロケットや飛行機で行ける」と思っている人は、たぶん、少ないだろうと思います。神様に会おうとして宇宙物理学を研究している人がいるかどうか、それはわかりませんが、もし神様というものがいるとしても、私たちが「会いに行ける場所」にはいない、と感じる人がほとんどではないでしょうか。


「……古代のひとびとは、自分の身のまわりに、合理的に理解できる筋道のたった世界を見る反面、その外側に、つねに人間の理性の及ばない、暗黒の世界が広がっていることを知っていました。そして、そのより広い暗

○

黒の世界は、ただ神話によってのみ、象徴的なかたちで捉えられるものだと理解していました」

（山崎正和『人は役者、世界は舞台』集英社）

私たちは心の中で、無意識に、世界を3つのエリアに分けているように思われます。

ひとつは「すでに知っている世界」＝「既知の世界」です。

私たちが普段生活し、目にしている景色がそうです。さらに「科学的に解明されている世界」と言うこともできます。行きたいと思えば行ける世界、自分が所属している、触れることのできる世界です。

もうひとつは「まだ知らない世界」＝「未知の世界」です。

まだ行ったことのない遠い場所、何があるのかわからない場所が「未知の世界」です。科学的にまだ解明されてはいないものの、研究が進めばわかるようになるであろう世界、これもまた「未知の世界」です。

先の引用では、この2つの世界を「合理的に理解できる筋道のたった世界」とまとめています。すでに知っているにせよ、まだ知らないにせよ、どのみち私たちに理解可能な世界、ということです。

確かに、現代の人々は、世界はこの2つのエリアだけしかない、と考えているように思われます。

どんなことでも、基本的には「知っていること」と「知らないこと」だけで、「知らないこと」も、知る機会さえあれば知ることが可能なのです。

でも。

たとえば、世界を科学的な見方で捉える人の中にも、神々に敬虔な気持ちを持つ人がいます。その多くは、おそらく「科学が進めば神様に会える」とは、考えていないでしょう。どんなに科学が進んでも、科学的に「神様の居場所を特定できる」とは、思えないはずです。

○

それが「人間の理性の及ばない、暗黒の世界」、すなわち「不可知の世界」です。

神様のいる場所、サンタクロースが住む場所、妖精や妖怪の姿を容易に見ることができる場所。そこには、死者や、天使や、あらゆる「目に見えないけれどもいると思われているものたち」を配置することができます。

「既知の世界」に住み、その外側にある「未知の世界」を科学的に探究しつつ、その彼方にある「不可知の世界」を、心の奥深くで直観している――そんな「心の地図」がうかびあがります。

たとえば、ある街がどんな街かということを説明するとします。

その街の中に何があり、どんな人々が住んでいるか、も大事ですが、さらに大事なのは、その街が、街の外側から見てどこに位置していて、さらに、他の街と比較するとどんな特徴があるのか、ということです。

何かを客観的に理解しようとするときは、必ずその世界の「外側」が必要です。

「私たちの世界は、いったい、どういうものなのだろう？」

「私たちはいったい、何なのだろう？」

そう考えたとき、そこでは「私たちの見ている世界」の外側に出ること
が必要になるのです。

もちろん、そんな「外側」に出られるはずもなく、また、そんな「外
側」があるかどうかもわからないわけですが、私たちはそうした「外側」
から自分たちの世界を俯瞰したくてたまらないのです。

だからこそ、ロケットを飛ばし、探査船を太陽系の外側に向かわせ、さ
らに、神話や神秘的な世界を旅して「世界の外側」をもとめ、そこから自
分たちを定義したくてやっきになっている、そんなふうに思えます。

「不可知の世界」は、なにより私たちが住んでいる「既知・未知の世界」
の意味を知るために設定されたエリア、と言えるかもしれません。

○

星占いも、この「不可知の世界」に属しています。

今では、星占いで用いる星々のうち、火星の風景や月の様子などが知られており、そこはとても「不可知の世界」とは言えなくなってきているのですが、それでも、そこに奏でられる不思議な規則性は、誰がデザインしたとも、していないとも言えない「知り得ないものに基づく世界」と感じられます。

月に人間の足跡が刻まれても、探査機のキュリオシティが火星表面の画像を送ってきても、星占いはまだ、私たちの心に神秘な命を保っています。

「『パワースポット』を教えてください」

しばしば（夏場が多いのですが）ファッション誌の編集部から

「パワースポットの記事をお願いしたいのですが」

というご依頼が寄せられます。

私は「パワースポット」についての記事を一度も書いたことがないので、なぜ私にこのご依頼が来るのかなあ、と思うのですが、「占い」も「パワースポット」も、同じく前述の「不可知の世界」の住人であることを思えば、当然と言えば当然のことと納得できます。

もとい、「パワースポット」について、私は具体的なことは何も知らないのですが、「パワースポット」とされる場所におもむく人々はおそらく、「不可知の世界」との接点を求めているのだろう、と想像しています。

昔は、多くの共同体に「祭り」が存在しました。お祭りの日はいつもとは違う時間が流れ、違う世界を生きることになります。いつもとは違う時間に起き（真夜中や明け方などの神事は珍しくありません）、いつもとは違う服

○

装をし、いつもとは違うものを食べ、不可思議な儀式を執り行い、大勢で集まって飲み歌い、踊り騒ぎ、古い時代には夜の闇に紛れて若い人々が互いの顔もわからないまま性行為に及ぶこともあり、それが暗黙のうちに許されていたそうです。また、今でも、トマト投げ祭りやオレンジ投げ祭りなどが世界各地に見られますが、お祭りでは普段できないような「ムダづかい」や「贅沢」が行われます。

食料や財の蕩尽、不可解で非合理な神事、性的な乱脈。日常生活では許されない、そうした「ルール違反」が、お祭りの場では一転して、正しいこととされます。

私たちの祖先はそんなふうにして、「日常」とは違う、「聖なる時空」をつくり出し、そこで「不可知の世界」に住む神々と、接触してきたわけです。

お祭りという「非日常」を定期的に設定することで、私たちの先祖は「不可知の世界」に触れ、まるで男女の交接によって新しい命を授かるように、共同体に新しい時間を授かっていたのだろうと思います。お祭りの中には、かなりエロティックな儀式によって、「神との交接」をストレートに表現したものも少なくありません。

現代では、私たちはそうした「異界」との交流を体験しにくくなっています。どんな場所も「不可知」ではないように感じられます。明るい電気に照らされ、「24時間営業」的に、闇も、不可解な時間も、少なくなっています。なにより、日常と非日常を隔てる境目がなくなってしまい、激しい興奮やスリルは、日常の中にザッピングされて、刺激の鋭角を失ってしまっているように感じられます。見知らぬもの、自分とは違ったものとの「出会い」が、その神秘性で私たちの生命を貫くような出来事は、体験しにくくなっているのかもしれません。

そんな、日常（ケ）と非日常（ハレ）のメリハリを失った生活の中で、摩滅していきそうな生命力をなんとか蘇らせたい、新しい生命力を感じたい、という欲求が、多くの人々を「パワースポット」と呼ばれる場所に向かわせるのではないでしょうか。

「パワースポット」と呼ばれる場所には、たいてい、人の日常生活を感じさせない、非日常的な光景が広がっています。そこでは、神様や妖精や妖怪などが住む「人間の理性の及ばない、暗黒の世界」に、自分が限りなく近づいていると感じることができます。

その感覚は、祭りの儀式において、目に見えない「神様」が降りてきた、とされるような瞬間の感覚と、よく似ているはずです。

夜明けや日没といった「境目」の瞬間に、「人間の理性の及ばない、暗黒の世界」との境目が一瞬だけ、消え失せる感じを味わえます。

その「感じ」が客観的に正しいのかどうか、という問いかけはおそらく、ナンセンスなのだと思うのです。

私たちの心は、安心できる確かな日常の繰り返しを求めてやみませんが、同時に、日常の節目節目に、あの、目で見ることのできない、一生理解することのできない「暗黒の世界」に近づきたがってもいます。あわよくば「暗黒」と対話を試みることによって、心を貫くような深いスリルを味わい、新しい生命力をかちえようとしているのでしょう。

あるいは、私たち自身の心の中にも「不可知の世界」が存在し、その世界を「生きる」ための手続きとして、「パワースポット」への旅が必要となるのかもしれません。「内」か「外」か、という弁別が、そこでは消滅しています。

「おまじない」という対話

「不可知の世界」との交流のひとつに、「おまじない」があります。

「彼をふり向かせてほしい」

「大事なイベントの日に雨が降りませんように」

「試験に受かりますように」

などなど、自分の力だけではどうにもならないこと（中にはそうでもないように思われるものもありますが！）を叶えたくて、私たちは神々や「目に見えない力」に祈りを捧げます。


しかし、その「捧げ方」は、実に不思議です。

紐を手首に結んでみたり、家のような形をした板きれに願い事を書いて神社にぶらさげたり、かと思えば長細い紙に願い事を書いて笹の葉に吊してみたりと、よく考えてみればとても奇妙なやり方で「祈り」を捧げます。

さらに「こっくりさん」や「キューピッドさん」など、もっと不可思議な方法で、神様や「霊」とやりとりしようとする人々もいます。

その方法が不可解であればあるほど、私たちは何となく「ご利益がある」ように感じます。

なぜなら、「不可知の世界」に住むものたちには、私たちが日常的に用いるコミュニケーションの手段で語りかけても、通じないはずだからです。「人間の理性の及ばない、暗黒の世界」の住人たちとやりとりするには、日常的な手段であってはならないのです。

おまじないは、遠い昔に、どこか遠くの世界で考案され、そして、さらに遠くの世界に向かってなげかけられます。

中には「おまじない」に囚われて、その世界から離れることが怖くてたまらなくなってしまう人もいます。「不可知の世界」が想像力の深い森で

◑

巨大に膨らんでしまった結果、そのイマジネーションに「飲み込まれて」しまうわけです。幼い少女の頃に、そのような体験をした人も、少なくないはずです。子供の頃の私たちにとって、想像力は危険な落とし穴でした。

大人になっても、そんな危険に遭遇する人がいないわけではありません。疲れたとき、孤独なとき、自分に自信が持てないとき、深く傷つけられたとき。「不可知の世界」に繋がる魔法の世界のイマジネーションは、私たちの苦しむ心を簡単につかまえ、癒し、甘えさせてくれます。私たちはそこで、心の危機を脱し、新しく生きる勇気を再構築することができます。

でも、いつまでもそこにとどまり続けていると、いつか本当の生活が徐々に「不可知の世界」に飲み込まれてしまうこともあるのです。

「象徴」の世界

清楚な美しさで人気を博した女優が、覚せい剤取締法違反で逮捕されたとき、マスコミはそれをセンセーショナルに報じ、多くの人がショックを受けました。

私たちはなぜか「美しい容姿の人は、心も美しいはずだ」と感じます。顔の「きれいさ」と、行動の「美しさ」とが、重ね合わされています。つまり、私たちの心の中では、「きれいな顔」が「きれいな心」を「象徴」しているのです。

もっと不思議な「象徴」は、お守りやロザリオです。

私たちは、仏像には仏の尊さが宿っていると考えます。十字架にはキリスト教の神聖さがこもっているように感じられます。

だから、それらを「木の塊」「金属の塊」というふうに、捉えることができません。

国の旗は、国の威厳を象徴しますから、他国の旗を燃やすのは大変な侮辱に当たります。「化学的」には、単に色のついた布を燃やしただけなのですが、それが人の心をぐっさりと傷つけたり、あるいは高揚させたりします。賞状やメダルやトロフィーも社会的名誉の象徴で、けっして単なる紙や金属ではあり得ません。お店で商品として売られている指輪を盗むよりり、結婚指輪や先祖から受け継いだ指輪を盗むほうがその罪は重く感じられます。

「国」と「色つきの布」。「神様」と「十字に組み合わされた小枝」。それらが結びついたとき、私たちはその物体を単なる物体として扱うことができません。そこに、何か特別な、目に見えない力が潜んでいると感じます。この力は「踏み絵」のように、政治的に利用することができるほど、強大です。

星座や干支なども、私たち自身と「象徴」のしくみで結びつけられます。たとえば、自分自身の属する星座や干支が、激しく非難され、罵倒されることを想像してください。きっと、何となく腹が立ってくると思います。それだけでなく、強く反論したくなるかもしれません。自分という個人ではなく、自分と結びつけられた星座や干支が非難されただけで気持ちを傷つけられるのは、心の中に、象徴的な結びつきが存在するからです。

私たちは、本来関係のないもの同士を簡単に、心の中で結びつけてしまいます。「ジンクス」もそのひとつです。たまたまいいことがあった日に身につけていたものが「幸運を呼んでくれたのだ」と感じられ、以降、それが「お守り」となります。「雨女」「晴れ女」のように、お天気と自分の存在を結びつけます。

ジンクス程度ならば罪がないようですが、この、「別々の物事を結びつけてしまう」心の作用は、ときどき、意外な事件に発展します。

たとえば、非常に高額の壺や印鑑などを買わされてしまうとか、お祓いのような儀式に多額のお金を払わされる被害を受ける人がいます。このような事件を目にすると、私たちは「被害に遭った人は、なんと騙されやすい、愚かな人なのだろう！」と感じますが、被害に遭った人が特別に愚かで判断力がなかったのか、というと、そうとも言い切れないところがあります。

東日本大震災の直後、さまざまな「予言」が雨後の竹の子のように広まりました。「1年以内にもっと大きな地震が起こる」「半年以内に同じ規模の津波が起こる」などの「予言」が、私のもとにもいくつも寄せられました。

おそらく、あまりにも圧倒的な光景を目の当たりにした人々が、激しい恐れを未来の予感と結びつけてしまったのかもしれません。

高い知性を持ち、教育も受けている人々が、終末論的な予言を信じてカルト集団に入信し、大きな事件を引き起こしたこともありました。ああしたことはけっして、他人事ではありません。

私たちの心が物事と物事を結びつけてしまう「力」は、自分の「中」にある力であるにもかかわらず、時に自分で考えている以上に大きくなり、私たちを飲み込みます。

「穢《けが》れ」「聖別」「所属」の感覚

あるお坊さんが、こんな話をしていました。

「汚い話ですが、お小水をコップに注いだとします。そのあと、お小水をすてて、コップをきれいに、洗剤などを使って完全にきれいに洗ったとします。このコップでお水を飲もうという気になる方が、どのくらいいらっしゃるでしょうか。コップは清潔です。でも、それで水を飲もうという気にならない。これが『穢《けが》れ』という感覚です」

もうひとつ、これに似た話があります。

アメリカのある大学の公開講座で、講師が1本の万年筆をとりあげ、受講者に「これは、アルベルト・アインシュタインの持ち物です」と示します。受講者はこれに興味を示し、多くの人が手にとってみて、畏敬の念を顕わにしました。

次に、講師は1枚のカーディガンを示します。「このカーディガンを着てみたい人はいますか」と募ると、3分の1ほどの手が挙がりました。ここで、カーディガンの持ち主が、イギリスの連続殺人犯、フレッド・ウェストであると説明されます。すると、「着てみてもよい」と挙がっていたほとんどの手が、下がってしまいました。

物質的にキレイでも、何の問題がなくても、それを「拒否」したくなる心。私たちの誰もが、そういう心を持っています。殺人犯のカーディガンを「着たくない」と感じた人々は、カーディガンに何かが「ついている」と思ったのでしょうか。悪意や罪が自分に「うつる」と感じたのでしょうか。「頭」で考えれば、そんなはずはない、とわかります。でも、私たちの「心」は、そうは判断しないのです。

これほど強烈なケースでなくとも、「自分のもの」と「他人のもの」のあいだにある線引は、明確です。
たとえきれいに洗ってあっても、他人の使った割り箸や紙コップを使うのは何となく気が引けたりします。古着と新品の間には大きな差があります。憧れのミュージシャンの持っているものには聖なる価値が宿りますし、ときには「同じ型のもの」を持つだけでも、特別な感触を味わえます。

恋人がくれたプレゼントは、まったく同じものを自分のお金で買っても「等価」にはけっして、なりません。

自分が生まれた土地、自分の名前、自分の国。

そうしたものもまた、強烈な「切っても切り離せないもの」です。

他人のそれと取り替えることはできません。

他人の出身地なら、「千葉か茨城か埼玉か、あの辺だって言ってたよ」などと言えますが、自分の出身地がそんなふうに言われたら、だれだって正確に言い直したくなるはずです。

何かが何かと目に見えない力で結びついている、という感覚は、「穢《けが》れ」から「鳥居に立ち小便ができない」という「聖別」の感覚、あるいは自分の皿と相手の皿の区別に至るまで、随所にみつかります。

これは私が抱いている個人的な仮説に過ぎないのですが、「私は蟹座です」とか「自分はO型です」「私も貴方と同じ辰年ですよ！」といった「占い」も、この「自分のもの」「他人のもの」という心の結びつきと、関係があるのではないかと思うのです。

たとえば、12星座が別々にデザインされたキーホルダーが販売されていたとします。店頭にぶら下がった12種類の飾りを見て、ほとんどの人が無意識に、「自分の星座のはどれかな？」と探すはずです。自分の星座のものだけが自分と関係があり、他の星座のものがどんなにかわいらしくても、手にとる気にはなれないだろうと思います。

以前、私は日光東照宮に出かけ、輪王寺というお寺の中を案内してもらうツアーに参加しました。

ツアーの中で、菩薩像が何体か並んでいる場所にくると、案内役の僧侶が、「生まれ年の干支によって、お守りくださる菩薩様が決まっている」というお話を始めました。

彼は干支で参加者をグループ分けし、それぞれの「守護菩薩」の前に並ばせました。そして、「この干支の生まれの皆様は、虚空蔵菩薩様に守られています。虚空蔵菩薩様はかしこさと心の広さを持つ菩薩様なので、この干支の生まれの皆さんは、かしこく心が広い、ということになります」などと、文字どおりの「性格占い」をし始めたのです。

これにはたいへん驚かされました。仏教の教えでは、呪術や占いなどは禁じられているはずです。なのに、境内にある多くの売店では、干支別の数珠やお守り――「呪物」の一種です――がたくさん売られているのです。

世界には、干支や星座など、目に見えないさまざまな「枠組み」があって、自分たちもその「枠組み」の中にちゃんと組み入れられている。私たちはそんな感覚を、強く欲しているのではないかと思います。世界の「枠組み」と自分を結びつけているのは、「他ならぬ自分と、この干支」という特別な感覚です。それは、前述の「穢《けが》れ」や「聖別」、自他の所有物の区別の感覚と、非常によく似ています。

「文化」を共有しない人々から見ると、そのような「聖別」や「結びつき」「タブー」などの感覚は、ナンセンスなもののように見えます。干支によって運勢や性格が異なる、という観念は、日本だけでなく、その起源である中国や東南アジアでも広く受け入れられていますが、この文化圏の外側の人から見れば「奇妙で面白い風習」としか感じられないでしょう。

キリスト教、特にカトリックの世界では、自殺は大きな罪とされているため、自殺者のお葬式には人が集まらないそうです。多くの人に愛されていた著名な人物なのに、その死が自殺であったため、葬儀には誰も弔問に来なかったという話を聞いたことがあります。これは「穢《けが》れ」の感覚に近いのではないかと思います。日本ではそうした感覚はありませんから、日本人がこの話を聞くと、「冷たい心の人たちだ」と感じてしまいます。
聖別、結びつきなどの感覚は、私たちの「心」の中では絶対的ですが、その文化の外側からそれを見るといかにも恣意的です。

自分と世界に散らばった「要素」を分かちがたく心の中で結びつけることによって、私たちは自分がこの世界の一構成要素であり、ちゃんと受け入れられているのだということを、心の奥底で確かめているのではないでしょうか。私には、そんなふうに思えます。

日ごろ物笑いの種になることはあっても、尊敬されることはほとんどない「占い」の世界ですが、こうしたことを考えてみると、なぜ私たちがそれを嗤《わら》いながらもけっして捨てずにきたのか、ということの秘密が、垣間見えるような気がします。

神話や外界との情緒的結びつきと同じように、「世界の中に自分も居場所を得て、世界と結びついて生きている」と認識するために、占いはささやかにでも「役に立っている」のかもしれません。

科学的態度

「科学的に検証されているわけではない」という表現を、本書でも何度か用いてきました。

「科学」にはさまざまな定義があり、それへの批判もありますが、ごく大雑把に言ってしまえば、世界に起こる物事を合理的に説明し、客観的に記述しようとする試み、と言えるかと思います。

「科学」を辞書で引くと、「一定の目的・方法のもとに種々の事象を研究する認識活動。また、その成果としての体系的知識（大辞泉）」とあります。

研究、つまり実験や論理的思考により、思い込みや空想を排除して、「正しいこと」「本当のこと」だけを求めようとするプロセスとその結果が、一般に「科学」と呼ばれます。ある人がひとつの実験を行ったとして、第三者がそれと同じ実験を行ったなら、その結果は一致していなければなりません。

私たちは誤解しやすく、思い違いしやすく、五感に惑わされやすく、非常に騙されやすい存在です。

ですが、それに対抗するための「思考」や「理性」を持ち合わせてもいます。自分の誤解や思い込みに対抗して、自らの思考で闘った経験を、多くの人が持っているはずです。「科学」も、そうした闘いのひとつではないかと思います。

それでも、思考や理性もまた私たちの内なる力ですから、間違うことは多々、あります。歴史の中で、一度「これが科学的定説である」とされた説が新しい科学的発見によって覆された例は枚挙にいとまがありません。

象徴的思考、「穢《けが》れ」「聖別」のような感覚、人間的な感情や非合理な直観などは、私たちが逃れたくても逃れられない「重力」のようなものなのかもしれません。

この重力圏から逃れるための手段が「科学的手続き」であるわけですが、この手段もまた、重力圏から完全に自由なわけではなく、むしろ、重力圏で羽ばたき続けている鳥の飛翔のようなところがあります。

さらに言えば、そうした「重力圏」を完全に抜けだしたとしたら、私たちは果たして、生き生きと生きていけるものなのでしょうか。そんな、疑問さえわいてきます。

「生きている」という感覚をつくるものは

自分の両親を「偽物だ」と思い込む、不思議な病気があります。「カプグラ・シンドローム」は、まったく正常な知性を保ちながら、自分のごく親しい相手が「入れ替わっていて、本物ではない」という感覚を持つ症状です。

自分の父親について「確かに外見は僕の父とそっくりですが、本当は違うんです」と主張する青年をくわしく診察した神経科医、ラマチャンドラン博士は、以下のように述べています。

「なぜカプグラ・シンドロームでは、こういうことが起こるのだろうか？ひょっとすると脳は、一連のエピソードを結びつける時に、辺縁系からの信号——知っている顔や記憶と関連づけられた『あたたかみ』や親近感——に頼るのではないか」

博士はさらに、興味深い症例を挙げています。

「……コタール・シンドロームと呼ばれる異様な障害について考えてみよう。このシンドロームの患者は、自分は死んでいると断言し、腐敗した肉のにおいがする、体中にウジ虫がはいまわっていると言い張る。（中略）私は、コタール・シンドロームはカプグラ・シンドロームが極端なかたちをとったもので、おそらく同根であろうと考えている。カプグラの場合は顔を認識する領域だけが扁桃体《へんとう》との連絡を絶たれているが、コタールの場合はおそらくすべての感覚領域が辺縁系と連絡しておらず、そのために周囲の世界との情動的なつながりがまったくないのだろう」

（V・S・ラマチャンドラン、サンドラ・ブレイクスリー『脳のなかの幽霊』山下篤子訳、角川文庫）

周囲の世界との「情動的なつながり」が完全に失われたとき、私たちは自分を「死んでいる」と認識するのではないか。この仮説は、非常に興味深く思われます。

「情動的なつながり」。

親子の結びつきの他にも、そうした「つながり」はたくさんあります。たとえば、人は神様との結びつきを根拠に、自分の命を犠牲にすることがあります。もしかしたら、自分の親を「親だ」と認識するような「情動的なつながり」は、人と人との愛情のようなもの以外にも、「これは私のもの」「これは私のものではない」といった認識に通じるところがあるのではないでしょうか。

占いの「ありか」

「複数の占いをして、違った結果が出たのですが、これはどう考えればよいのでしょうか」

こんなご質問を頂いたことがあります。

占いがもし「当たる」ものならば、ひとつのテーマについて何人の占い師が占おうとも、同じ結果が出るはずだ、と私たちは予想します。ですが、占い手法が違い、占い師が違えば、同じテーマについて違った結果が出ることは、むしろ、よくあります。

占い師の前に行って占ってもらうのでなくとも、ある雑誌の占いでは「6月生まれは今週は最悪」とあり、もうひとつの雑誌では「双子座と蟹座は絶好調」とあったなら、「どっちなんだろう」と首をかしげざるをえません。

自分の人生や運命というものを、まるで水族館の水槽の世界のように考え、人間がガラス越しに魚が泳ぐのを見るように、「占い」が客観的に自分のゆくすえを見通している……そんなイメージで「占い」を捉えると、「占い手によって結果が違う」ことは、確かに、納得のゆかないことです。

ギリシャ悲劇の名作『オイディプス王』を読むと、そんな「占い」の矛盾を深く考えさせられます。

テバイの王ライオスは、アポロンから「妃との間に子供が生まれればその子に殺され、その子はお前の妻を娶《めと》るだろう」という神託を受けました。妃に子供が生まれると、ライオスは神託を恐れ、子供のくるぶしを留め金で貫いて、山に捨ててしまいます。子供は一命を取り留めて他国で育ち、オイディプスと呼ばれます。彼は自分の生い立ちを知らないままに、やはり「お前は父を殺し、母と同衾するだろう」という神託を受けます。オイディプスはこの神託を恐れ、生みの親と信じている育ての親のもとを遠く離れることを決意します。

旅の途中、オイディプスは旅の一行に出会います。三叉路でぶつかり、トラブルとなったところで、オイディプスは相手方を、一人をのこしてすべて殺してしまいます。

その後、テバイへたどり着いたオイディプスは、テバイの人々を苦しめていたスフィンクスの謎を解き、未亡人であった王妃イオカステを娶ってテバイの王となりました。

やがて、テバイの街を大きな災厄が襲います。この災厄を逃れるためにはどうすればよいか、アポロンに問いますと、「先王ライオスを殺した者を、テバイから追放すればよい」という神託が下されます。オイディプスは民のためにその犯人を捜し出すことを誓います。

彼は盲目の予言者テイレシアスを呼び出し、犯人について問いただします。すると驚いたことに、テイレシアスは「あなたのたずね求める先王の殺害者は、あなた自身だ」と言い切るのです。

オイディプスは激しく動揺し、わずかに残った目撃者に、真実を追求します。そして最後に、あの三叉路で殺した人物こそが先王ライオスであり、自分の実の父親であったことを知らされたのです。

真実に気づいた王妃イオカステは縊死《いし》を遂げ、「父を殺し、母を娶《めと》る」という運命の悲惨に打たれたオイディプスは、イオカステの死体から髪飾りを抜きとり、自分の両目を刺し貫きました。

もし神託、つまり「占い」がなかったら、この物語は成立しません。未来を占い、その運命を逃れる策を講じたところに、占い通りの結果が起こります。これは実に奇妙です。前述の比喩を用いるならば、占いは水槽の外側ではなく、内側に存在しています。

もし、神託を信じずに、無視して子供を育てていたら、どうなったでしょう。オイディプス自身も、旅に出ずに、育ての親のもとにとどまっていたら、どうなっていたのでしょう。それでもやはり、恐ろしい運命に導かれて、「むりやり」ライオスを殺すことになったのでしょうか。それは、誰にもわかりません。

「子が父を殺し、母と同衾することになるだろう」という不可解な、恐ろしい「神託」を受けて、王もオイディプスも、何とかしてその運命から逃れようと考えます。つまり、神託を「絶対的で、逃れられないもの」とは、思っていないように見えます。

そしていつも、「対象と自分を、物理的に引き離そう」という手段を講じます。子供を遠くへやればよい。父母から遠く離れて暮らせばよい。物理的に会えないのだから、殺すことも、娶ることも、起こりえないはずだ。確かに、そうです。

私たちも、ちょうど、これに似た考え方をします。

運命というものがあるかもしれないけれど、もし、自分が占いやまじないによって「正しい日」を選び、あるいは「効力のあるお守り」を持っていれば、そうした運命を、どこかから飛んでくるボールをよけるように、よけられるのではないだろうか?

あらかじめ占いによって「どこからボールが飛んでくるか」を知っておけば、それをさっとよけることができるのではないか?

そうした「占い」と「運命」の位置関係の幻《まぼろし》を、オイディプス王の物語は、見事に看破しています。この物語の中では、運命のボールは常に人々の内側から放たれているのです。

「外にある」と思った運命が、実は自分の「内側にある」。

このことは、けっして物語の中だけのことではないように思います。

「一生懸命努力しているのに、恋人ができません」

そういう悩みを持つ人がいました。

彼女に話を聞くと、容姿を磨き、カウンセリングに通い、自分に自信を持とうと日々、努力しているけれど、いっこうにチャンスが来ません、ということでした。友達が「いい人を紹介してあげるよ」と言ってくれるけれど、相手が自分を気に入ってくれるなんてとても思えないので、断り続けているのだというのです。

偶然、自然に出会えればいいと思うのです、と彼女は言いました。紹介されても、相手から気に入ってもらえなかったら、すごく傷ついてしまうし、それは怖くてできない、というのでした。

彼女の気持ちは、よくわかる気がしました。

でも、彼女の「運命」のボールも、彼女の内側から放たれていました。

この人は、しばらくして意を決し、友達の紹介を受け入れることになりました。そのあと、何度か「紹介」を経て、最終的に、すてきなパートナーに巡り会えたそうです。

複数の占いをして、別々の結果が出たとき、そこには「複数の占いを見た」という「自分」がいます。この「自分」の中にあるものは果たして、何なのでしょうか。占いのページがあると知っていても、なぜかそれを見忘れてしまうこともあります。かと思えば、平素占いなどあまり気にしないのに、そのときだけは妙に気になって、あれこれ見比べてしまう、ということもあります。

そんなとき、占いは自分の「外側」にあるように見えます。

どこか遠くから、自分を客観的に見てくれているような気がします。

でも実際は、その占いも、占いを見るということも、みんな「自分の運命」の一部と考えることもできます。

であれば、「バラバラの占い結果を目にした」ということ自体が、ひとつの「占い結果」だとも言えます。

占いをしまくってしまう辛さ

いくつもの占いをして、どんな結果が出ても、やっぱり何度も何度も占いを繰り返してしまう、という人がいます。

一人の占い師さんの前に座り、何度占ってもらっても飽き足りずに、同じことを「わからないんです、わからないんです」と繰り返す人がいます。

タロットカードを手放せず、仕事中にトイレで占いをする、という人もいるそうです。

未来が怖いとき、どうすればいいかわからないとき、人の心が知りたいとき、多くの人が、こっそり占いをします。でも、その占いの結果が正しいかどうかは、未来がくるまで、誰にもわかりません。さらに、占いの結果が自分の期待と違っていたとき、「この占いが間違っているのではないか」「未来を変えるにはどうしたらいいのか」と、さらに占いを繰り返すことになります。

この「占いを繰り返してしまう」現象は、現代の私たちに限ったことではありません。漢字の起源として広く知られている「甲骨文字」は、亀の甲羅や骨に刻まれた古代の文字ですが、その文字で書き記された主な内容は、ずばり、占いなのです。

古代には王が神々に問いかける形で占いが行われたと考えられています。ただ、占いをしても、なぜその結果を文字にして刻みつけたのか、その必要がどこにあったのか、これは、研究者の間でも意見が分かれるところのようです。

「殷代の占卜には、『対貞』という現象が多く見られる。つまり、同じひとつの事柄について、肯定の命辞と否定の命辞とが、同時に占われるのである。たとえば、簡単な例でいうと、

『其雨』（雨がふるんじゃなかろうか）
『不雨』（雨がふらない）
が対になるようなものである。
（中略）
さらに殷代の占卜のもうひとつの特徴は、ひとつのことがらを何度も繰り返し占う、いわば『多貞』あるいは『多卜』というべき習慣である。（中略）……これに対貞が重なると、同じことを二十回占っているわけである。もしそのひとつひとつに諾否の答えを求めているのだとしたら、なんたる優柔不断であろうか。（中略）とにかく、一発で決められることをなぜそうまでしなければならないのか、どうもすっきりしないのである」

（『亀卜　歴史の地層に秘められたうらないの技をほりおこす』
東アジア恠異学会編、臨川書店）

この研究者は「なぜそうまでしなければならないのか、どうもすっきりしない」と書いています。

でも、この本の読者の皆さんの中には、この現象に深く頷き「そうだよね！」と思ってしまう人もいるのではないでしょうか。

たとえば、「彼と私はうまくいくだろうか?」と占い、「ノー」と出ます。

すると今度は、

「彼は私のことが好きだろうか?」と占ってみます。

「彼は私が嫌いなのか?」

「彼が私を、これから好きになる可能性があるか?」

「彼には恋人がいるか?」

「彼に告白したらどうなるか?」

「3ヶ月以内に、私に恋人ができるか?」

などなど、少しずつ問いを変えて、あらゆる角度から占いを続けることになるわけです。

こんなふうに、恋に、仕事にと悩む人々が、どんなに「同じテーマについて繰り返し占う」ことでしょう！　何らかの意味で、自分にとって非常に重要な占いを「一発で決める」ことができるような強い人間は、古代にも、そう多くはいなかったはずだと思うのです。

賭け事にのめり込む人々の気持ちと、占いを何度もしてみたくなる人々の気持ちには、どこか、似通ったところがあるようです。どんなにはずれても、デタラメな結果が出ても、「次こそは、『本当の』結果が出るのではないか？」という、切ない希望が、私たちの心にこびりついて離れないのです。

自分でタロットカードを並べまくるくらいならば大きな害はないかもしれません。でも、それがいつか、何をするにも占わなければ決められなかったり、大金を占いに注ぎ込んだりする状態に移行することもあります。

◐

こうなると、この状況自体が、ひとつの大きな苦しみとなります。

本来、苦しみからちょっと逃れるために使うだけのはずだった占いが、いつの間にか新たな苦しみのタネになってしまったわけです。これでは、本末転倒です。


私自身、大きな悩みを得たときに、タロットカードを何度も並べたことがあります。そんなとき、「死神」のカードが出て、ショックを受けました。「死神」は、文字どおり、物事の「死」や終わりを示す、とても不吉な絵柄のカードです。

でも、そのときふと思ったのです。

これは「もう、占いをやめなさい」という意味ではないか。

私は、そこでカードをしまいました。そのまま、手をつけることをしなくなりました。

未来が望んだとおりになるかどうか。

他人の心が自分の思いどおりになるかどうか。

未来や他人といった、「自分の力ではどうにもなりようがないもの」に自分の行動の軸を置いてしまうと、私たちは自分自身では、何も決められなくなってしまいます。

うまくいくかどうか。ふり向いてくれるかどうか。

そんなことを、今現在の行動の「判断基準」にしてしまった時点で、私たちはすでに、自分で自分の時間を生きていないのです。

本当に大切なのは、「正しいと思えることかどうか」「相手のためになることかどうか」であるはずなのに、いつのまにか「失敗しないためにどうすればよいか」「相手に自分がどう見られるか」ばかり気にしてしまうのは、悲しいことです。

未来に怯え、他人の目を恐れ、占いにしか自分の可能性を見いだせなくなってしまったときには、一度、深呼吸してみてください。

そして、「未来がどうなるか」ではなく「今をどう生きるか」を、考えることを試みてください。

占いに心を吸い取られているとき、私たちは必ず、大切なことを見失っています。それを見失った状態では、心から望んでいるはずの幸福も、けっして、手に入ることはありません。

私はそう思います。

「信じますか、信じませんか」

神様を信じますか？　運命を信じますか？　占いを信じますか？　……これらの「問い」は、「信じるか・信じないかは、自分の考えと意志によって選択することができる」という前提から発せられています。

私たちは「信じるか・信じないか」を、理性的に考えて、自分なりの答えに到達し、能動的に選択している、と感じています。

でも、本当にそうでしょうか。

私は以前、『親鸞』（パイインターナショナル）という本を上梓しました。この本を書くにあたり、親鸞の遺したさまざまな言葉をたどったのですが、その中にこんな一節がありました。

「弥陀仏の本願念仏は、邪見・憍慢の悪衆生、信楽受持すること、はなはだもって難し。難のなかの難これに過ぎたるはなし」（如来より与えられる本願の念仏は、自力をたのむ邪見で傲慢な悪人が、どれほど信じようとしても、難中の難であって、絶対に不可能なことである）

ここに書かれている「悪衆生（悪人）」とは、一般的な「悪いことをした人」という意味ではなく、「自分の力で何でもできていると思っている人」のことです。仏様を信じることは、自分で「信じよう」と思ったから信じられるのではなく、如来から「与えられる」ようにして信じることが可能になるのだ、ということが説かれています。

つまり、どんなに「信じたい」と思っても、自分の意志で「信じる」ことはできないわけです。

このことは、信仰の世界に限らないように思われます。

「信じる」「信じない」は、恋心とどこか似ています。恋をしたとき、私たちはその気持ちを自分で変えることができません。どんなに嫌いになろうと思っても、無視しようと思っても、「心」からその人の存在が離れることはありません。

何かを「信じる」と言ったとき、私たちは、信じたものから手を離そうと思えばいつでも離せる、というふうにイメージします。でも、たぶんそのイメージは、少し間違っているのかもしれません。

何かを「信じた」とき、私たちは、もともと心の中に存在した空洞に信じる対象を吸い込み、さらに、空洞の形に合わせてその対象を変形させて、「信じた」対象と心を一体化させてしまうのではないでしょうか。

「恋」はしばしば、自分の願望の投影であり、幻想が現実によって無残に打ち砕かれる形で終わりを告げます。そのとき、私たちはあくまで相手の美質の中にあるとおもっていた恋が、実は自分の心の中だけにしかなかったことを、痛みの中で悟ります。

「信じる」こともそれと似ています。

理性では恋を選べないように、「信じる」こともまた、選べないのは、それが私たちのもともとの、「心の形」にも由来しているからではないでしょうか。

「運が悪い」ことへの不思議な期待

以前、あるイベントで参加者の方から、

「今双子座は恋愛運がいいって聞きましたけど、仕事運は悪いんですよね？」

と言われたので、

「うーん、悪いことはないと思いますよ、それに、仕事は再来月からいいところに星が来ます」

「でもそうすると、恋愛運は悪いんですよね？」

という会話となりました。

「運がいい」ことを望む方は多く、この方も一見、「運が悪いのがいやだ」と仰っているようなのですが、どう応えても「でも、……は悪いんですよね？　はあ（ため息）」というふうに返されるのに、当惑したことがあります。


あとでこのやりとりを思い返し、私は、なんとなく切ない気持ちになりました。

あの人はもしかすると、心の奥深くに、期待を大きく裏切られた経験を隠していたのかもしれません。期待や希望をすべて封じ込まずにはいられないような、大きく暗い穴があの人の心の中に、ぽっかりあいているように思われました。

運が悪い、だからうまくいかない。この気持ちは、不思議なことに、自分を守ってくれます。何かがうまくいかなくても、他人のようにいろいろなものが手に入らなくても、それは、運が悪いからなのだ。こう考えると、自分の傷つきやすい心を守れるのです。
「自分は運が悪いからだ」という言い方をしないまでも「なんで私の周りにはこんな男の人しかいないのだろう?」「なんで私は誰にも愛されないのだろう?」という「問い」をずっと抱え続け、けっしてそれに具体的な答えを与えようとしない人もいます。「わからない」と言い続け、自分に関わる人々について「あの人は絶対に変わらない」と言い続け、その人自身もけっして「わからない」状態から変わろうとしません。

現実を直視したり、他者と関わろうとしたりするときには、自分の内なる問題や思考のゆがみに気づかされます。そして、それを修正するよう促されることもあります。これは、「自分を否定される」ことに等しいのです。非常に辛いことです。その苦しみに耐えかねて、現実から逃げ出す人も少なくありません。

うまくいかないのは、自分が悪いのではなく、運が悪いのだ。そう考えてしまえば、自分自身を否定したり変えたりする必要はなくなります。さらに、うまくいくように努力することも、必要なくなります。「どうせ運が悪くてうまくいかないのだから、努力する意味もない」わけです。

こうした辛い心のあり方を、頭ごなしに責めることもできないように思います。「現実」の不安定さ、不可解さ、理不尽さに怯えて、「世界はこういうものなのだ！」と決めつけ、それ以上は傷つかないようにする、という無意識の戦略が、この人たちに不思議な安定をもたらしていることは、否定できません。

「努力は必ず報われる」という神話は、最近では否定される傾向が強いようです。

「頑張ってもうまくいかないことは多々ある」

「努力が必ず報われるとは限らない」

こうしたメッセージのほうが、「現実を捉えている」として、共感されるようです。

確かに、望んだことがすべてうまくいくとは限りません。頑張っても頑張っても、なぜかうまくいかないこともあります。そうした現実に直面すると、私たちは深く傷つきます。

こうした深い傷を回避するには、「望まない・頑張らない」が一番だ！というリクツは、確かに、成立しそうです。

でも、無意識にそうした戦略を採っていることを、自分でも気づかずに「なぜ自分は不幸なのだろう？」と悩んでいる人にとっては、このことに「気づく」のは、大事なことだろうと思います。

●――「終末論」の魅力

「世界が終わる」というヴィジョンは、古い神話から現代の予言に至るまで、人の心を魅了し続ける不思議なテーマです。

東日本大震災の光景に「世界の終わり」のイメージを重ね、「もっとひどいことが起こって、世界は終わる」と予感した人も、少なくなかったようです。震災の直後はそうした「予言」をあちこちで見かけましたし、私のもとにメールで、そうした「予言」を送ってこられた方も何人かいらっしゃいました。2年たった頃には、そうした「予言」は、まったく寄せられなくなりました。

1999年のノストラダムスの大予言、2012年12月21日の「マヤ暦の終了」など、ほとんど周期的に、私たちは「終末が来る」ことを予感するようです。

そして、その都度、終わらなかった世界をそのまま、生きていくことになります。

なぜ何度裏切られても、新しい「予言」を「今度こそは！」と信じたく

◯

なるのでしょうか。「世界の終わり」のイメージがなぜ、人々の心にそんなにも魅力を持っているのでしょうか。

すべてを破壊し、人々をその力のもとにすべて平等にしてしまう圧倒的な力のイメージ。私たちの「日常」を吹き飛ばしてしまうような荒ぶる力のイメージが、私たちの眠っている危機感を刺激します。

私たちは日々、小さな悩みや苦しみにふるえ、世の中の不平等に憤り、理不尽や孤独に呻きながら暮らしています。

そんな際限のない苦しみを、すべての人間と一緒に吹き飛ばしてくれる「世界の終わり」は、確かに、魅力的と言わざるを得ません。すべてを変えてほしい。あらゆることを一気に解決してほしい。大きな必然の力のうねりに飲み込まれてしまいたい。すべての差別や格差も「世界の終わり」では吹き飛んでしまいます。そんな「欲望」が私たちの心の中にあって、そこに、プラグとソケットがぴたりとはまり込むように「世界の終わり」

の予言が、はまり込んでしまうのかもしれません。

「死」について

以前、私の占いを読んだ方から、

先日知人が亡くなったのですが、
今週の私の星座についての占いは、
その人の死を意味しているのではないかと思えて、
辛いです。

という内容のメッセージを頂きました。

○

私は、こんなふうに返信しました。

人の死は、もっと大切で神聖なものだと思います。無責任な占いなんかと一緒にしてはいけないと思います。

すばらしい方とお近づきになれたのですね。亡くなられたことは本当に悲しいことですが、そうした方と出会えたことは、とても貴重なことだったと思います。

多くの人が、身近な人の死をつい「自分の人生に起こったこと」と考えます。大切な人の死は衝撃的ですから、そう感じるのは仕方がないことかもしれません。

でも、人の死はあくまで、亡くなったその方自身のものだと思います。

周囲の人のものではないと思います。

たとえば、子供は、親が離婚したりすると「自分のせいだ」と考えます。そんなふうに、人間は生まれつき、世界に起こる事と自分とを、因果関係で結びつけて考えようとする衝動を持っているようです。

でも、大人になると、そうしたおさない因果関係の感覚が、錯覚であることに気づいていきます。

それでも、ショックな出来事が起こると、大人でも「これは自分のせいではないか」と考えてしまいます。第三者から見れば、それが間違いであることはすぐにわかります。子供がなんでも「自分のせいかな?」と考えてしまうような錯覚を、大きな感情の中では、大人も、起こすもので、それは、仕方がないことだと思います。

それだけ、お悲しみが大きかったということでしょう。でも、それはあくまで、錯覚です。

○

その方がいらしたことやしてくださったことを、大切にして頂きたいなと思いました。多くの人が、誰かが亡くなったとき、その「死」を強く意識しますが、その人が「生きていたということ」については、あまり意識を向けないように思われます。でも、本当は、その人が死んでしまったということ以上に、その人が生きていたということのほうが、注目されるべきすばらしいことなのではないでしょうか。

私もご冥福をお祈りするとともに、その方がその方の人生の中でなさってきたことが、この世でちゃんとのこって、花開いて、誰かに繋がっていくことを、祈りたいと思います。

人の死は「不運」か

人の死を、「悪いこと」「不運」と捉える人も少なくないようです。

でも、私には、そうは思えません。

「死」という非常に大きな出来事は、「いいこと」や「悪いこと」といった、現世的な価値観では、捉えられないように思います。

「死に方」には、悲しいものや理不尽なもの、不幸なもの、悲惨なものがたくさんあります。少なくとも生き残った私たちの目にそう見えるものはあります。

ですが、「死」自体は、生きている人間の価値観を超えて、もっと神聖で清らかなものだという気がします。俗世的な「善し悪し」の観念に触れさせてはいけないという気がします。

○

また、「父が死んだのは、自分が不運だからだ」といったような考えも、あまり妥当だとは思えません。

死は、死んだ本人だけのもので、他の人の「運」などでどうこう言えるものではないと思うのです。

大切な人が死んだとき、私たちはその人を「うしなった」という言い方をします。でも、それはあくまで、比喩的な言い方だと思います。

私たちは、誰かの死に際して、その人を「うしなう」ことはできないと思うのです。なぜなら、誰かを所有することはできないからです。その人はその人自身のもので、誰かのものにはなりようがありません。

どんなに愛していても、血が繋がっていても、その人は「誰かその人以外の人のもの」には、ならないのです。

であれば、その人の死もまた、その人自身だけのものだろうと思います。その人の死が「不運」だったのかどうかは、死んだその人自身にしか、わかりません。

私たちにできることはただ、その人が「生きていた」ことを、大切にすることだけなのだと思います。

付録

月と星占い

☽

空を太陽が1年かけて巡る「黄道12宮」がいわゆる「12星座」ですが、この12星座を、月は約27日で1周します。つまり、月はひとつの星座に2日と少し、滞在することになります。

毎日の「運勢」を占うにもさまざまな手法があります。その中でも最もポピュラーなのが、月による占いと言えるでしょう。月は星占いで用いる星のうちで、最も動きが速いからです。

「今日の運勢」と言ったとき、多くの人は「私自身の運勢と他人の運勢はまるきり違っているはずだ」と考えます。確かに、そういう切り口もあります。ですがその一方で、私たちはみんな、同じ星のもとに生活していいます。これは、たとえばお天気と似ています。今日が雨であれば、同じ場所にいるみんなが雨の日を生きることになります。誰か一人だけが運よくお天気、ということはありません。もちろん、人によってはあまり出かけなくてもよい日だったり、あるいは傘を忘れてずぶ濡れになったりと、その

「受けとり方」は異なるでしょう。とはいえ、「雨の日だ」ということは、そこにいるすべての人に当てはまります。

実は、星占いも「今日のお天気」に似た用い方ができます。特に「今日の雰囲気」を月の位置する星座から読み取ることが可能なのです。この「雰囲気」は、月の移動に合わせて、約2日半ごとに変わっていきます。

毎日の月の位置をチェックするには、月の位置情報の書き込まれた手帳やカレンダーなどが必要です。近年ではそうした製品が多く発売されています。拙著『星ダイアリー』（幻冬舎コミックス）もそのひとつです。また、インターネットにも「今日の月の位置」を無料で教えてくれるコンテンツがたくさんあります。

では、以下に「今日の月の位置」で読み取れる「時間の雰囲気」を、

Maryam Sachs 著『The Moon』のキーワードとともに、簡単にご紹介しましょう。

★牡羊座の月――若さの泉

月が牡羊座に入ると、空気が新鮮に、生き生きとして感じられます。若々しさ、向こう見ずな勢い、じっとしていられない衝動、憧れ、心に「火がつく」感覚を得るような時間帯です。

★牡牛座の月――母なる大地

月が牡牛座に入ると、時間はどっしりとあたたかく、落ち着いて感じられます。五感が敏感になり、また、自分の欲望に正直に行動したくなる人もいます。美しいもの、快いもの、価値あるものに人々の目が向かいます。

★双子座の月――幽玄の螺旋《らせん》

物事を知的に理解しようとする動きが生じます。知識、情報、噂が加速します。人間の肉体や五感と「観念」とが切り離されるところから、勇敢さや機知が湧き出る、とも言われます。生き物としての制約から解き放たれたようなアイデアや決断がなされることもあります。

★蟹座の月――創造の源

感情が生き生きと躍動し、時間を「心の力」が包み込みます。個人的な喜怒哀楽の振り幅が大きくなり、それを全体として受けとめる力が求められます。日常的なもの、普段軽視されがちなものにスポットライトが当たり、多くの人が自分の生々しい感情に気づかされます。

★獅子座の月――エロスの鬼火

注目を浴び、自己主張することに対する欲求が高まります。ドラマを求め、光り輝くものへの志向が強まります。この配置は「愛」に関係が深いとされます。激しい愛着の衝動や、肉の愛、つまり性的な方向に情熱が向かいやすい時間帯となるかもしれません。

★乙女座の月——大地の塩

心情の安定、感情に対する中立的な態度が重んじられます。いたずらに興奮することなく、問題の根本をつぶさに研究する眼差しが生まれます。身体的な状態が気持ちに反映されやすく、「気持ちの落ち込み」が実は「身体の不調」の表れであった、と気づかされることもあります。世話をすること、援助すること、教育すること、治療することにスポットライトが当たります。

この位置の月は「12星座の薬箱」と呼ばれることがあります。

★天秤座の月――俯瞰

プリミティブな「調和」への志向が強まります。伝統的なパートナーシップのあり方や、文化が原初的に持っている規範意識などが、すうっと浮上してきます。

あるいは、人と自分との違いを強く意識したり、違いがあるからこその補完関係を目指したりすることに光が当たります。

★蠍座の月――内なる魂の神殿

「放出・噴出」がテーマです。この時期に出血するとその量が多くなると言われます。膿を出すような出来事、激しい感情に突き動かされての行動、自分の内なる力に圧倒されるような場面が展開するときです。

多くの文化が持つ通過儀礼「イニシエーション」に組み込まれた「死と再生」のイメージは、蠍座の月と深い結びつきを持っています。「飲み込む母（グレート・マザー）」との闘いが、蠍座の月のテーマです。

★射手座の月――神の恵み

明るい熱狂、崇高な興奮が起こります。蠍座の月から脱して、ぱあっと明るく爽やかな場所に出た感覚を得る人も少なくありません。社会的な良識やクリアな思想が得られるときです。「自由」を感じる人も多いでしょう。

★山羊座の月――典礼への導き

人々は感情を鎧《よろい》の下に覆い隠し、社会的な力を求めて行動します。ここでは、他者との間柄は冷たく手厳しいものになり、警戒心と論理的冷静さが大きな武器となります。鎧の内側には、最も傷つきやすく繊細な感受性が、幼子のように守られています。

★水瓶座の月――虹

妬みや恐れ、恨みなど、人を縛り上げるルールをつくり出す感情から、全力で脱出しようとするような時間帯です。力や警戒心ではなく、平等なルールや親愛の情で世界と接したいという気持ちが強まります。先進的なもの、新規なもの、流行などにスポットライトが当たります。古い時間の中に潜む矛盾を解体するような動きも生じます。

★魚座の月——水底の聖堂

「精神」の深さが強調されます。過去にまつわること、隠された痛みや悲しみ、傷ついた人の姿など、普段の生活の中では暗がりに置かれているものたちにスポットライトが当たります。優しさ、共感、救済がこの時期のテーマです。

一方、理性を押し流してしまうような感情も、この月に象徴されます。非現実的なイマジネーションがごく身近に感じられる時間帯です。

以上、各星座に月が位置しているときの「雰囲気」をご紹介しましたが、これはそのまま、「自分が生まれたときの月」にも当てはまります。

すなわち、その月のもとに生まれたとき、私たちはその月に象徴されるような「心」を生きることになります。

一般に「私は双子座です」と言いますが、これは厳密には「私が生まれたとき、太陽は双子座にありました」ということを意味しています。太陽は太陽系で最も大きな天体であり、生まれたときにこの太陽が位置していた星座は、私たちの個人的生き方の根本を成すものだ、と解釈されているわけです。

一方、地球上から見上げた空において、月もとても明るい天体です。ゆえに、私たちが生まれた瞬間、月が位置していた星座の世界も、十分に私たち自身を示している、と考えられています。

「太陽は私たちの内なる父性であり顕在意識であり、意志である。一方、月は内なる母性であり、潜在意識であり、感情である」とも解釈されます。

私たちの中にはさまざまな要素が混じり合い、溶け合い、ときには矛盾し合っています。星占いの世界において、月は「もう一人の自分」の存在を、私たちに教えてくれます。

もちろん、星占い自体、科学的に証明されたものではありません。「占いは統計だ」と言う方もいらっしゃいますが、未だ統計学的な定説があるわけではありません。

星占いも、ひとつのファンタジーに過ぎないのかもしれません。ですがもし、星占いが単なるファンタジーだったとしても、そこにまったく意味がないかといえば、……それは、この本全体で私が繰り返し述べてきたとおりです。

なお、西洋占星術における「○○座」は、天文学上の「黄道12星座」とは、若干のズレがあります。西洋占星術で用いる「黄道12星座」は、春分点（春分の日に太陽が位置している場所）を「牡羊座の起点」として定められています。地球の「歳差運動」という動きにより、星占いが誕生した数千年前から今に至るまで、春分点は1星座分ほど、ずれてしまいました。そのため、プラネタリウムなどで示される惑星の位置と、星占いの世界で説明される惑星の位置は違っています。

天文学に詳しい人々は、「占星術師は歳差運動に気づいていない」と嘲笑することがあるのですが、占星術はそのことに気がついていないわけではありません。たとえば、かつて富士山が見えた場所が「富士見ヶ丘」という地名で呼ばれていることがあります。そこに大きなマンションが建ち、今では富士山が見えなくなってしまったとしても、それを理由に「富士見ヶ丘」という地名を変えることは少ないだろうと思います。

天文学と占星術では、「文化」が少々違うのです。

おわりに

「私たちの心にとって、月とは何か」という問いからさらにテーマを絞って「占いとは何か」について、いろいろな方向から雑多な「感想」を述べた本書ですが、私自身の心もまだ「これで決まり！」という地平には立っていません。

「占い師」という言葉が揶揄的に使われるのを目にすることは珍しくなく、けっしてその社会的地位は高くない、どころか、社会の周縁から外側に置かれているのが現実です。さらに言えば、社会の内側に置かれたのでは、「占い師」は「占い師」としてのパワーを持ち得ない、という事情がありますオカルトは、「隠されている」がゆえに、人々に対して不思議なパワーを持ちうるのです。社会の真ん中、光の当たる場所にもし、占いを持ってきてしまったら、それは昼間の幽霊のように威力を失い、魔力も魅力もない、惨めな姿になることでしょう。

本書では「心」という表現を多用しましたが、この「心」は、私たちの脳であるとか、「錯覚」であるとかいうふうに矮小化することもたぶん、妥当ではないように思われます。どちらが因で、どちらが果か。内か、外か。そうした区別をとり払ったところに、「心」という大きなものが浮かんでいる、そんなイメージが本書を書くうちに、私の胸に浮かんできました。

自分が手に入れた力に、自分自身が飲み込まれてしまう、というおとぎ話はたくさんあります。さらに、自分を覆うほどの大きな力を自分自身の力だと勘違いして、その力に押しつぶされる、という神話もあります。そうした話を今の私たちもけっして、笑うことはできません。
私自身、占いの記事を書いて生活している身でありながら、その危険を重く受けとめています。自分自身が占いをしていることについて、深く強い疑問を感じたり、恥ずかしさを感じたりしています。本来は、占いなどではなく、先人の知恵や身近な人の支え、芸術や文学などを通して人生の真理に触れ、苦境から起ち上がることこそが自信に繋がるはずだ、と思い続けています。

ですが、その一方で、私たちは個人的にも、社会的にも、聖なる力や神秘的なファンタジーを、どうにも必要としているようなのです。

私たちは、水がなければ生きていけません。でも、水が私たちを溺れさせ、殺してしまうこともあります。それと同じで、大きな力にはそれ自体「善し悪し」の属性が備わっているわけではありません。

私たちは偉大な力を持つファンタジーをどうしても必要とする一方で、ファンタジーに飲み込まれ、溺らされてしまう危険と、隣り合わせに生きているのだと思います。これは「ほどほどにしておけ」で片付けられるような問題ではありません。それほどの大きな、抗いがたい力を持っているからこそ、ファンタジーは人を生かしも殺しもするのだろうからです。

占いを繰り返して占い中毒になってしまう人、占いを信じすぎて大事な人間関係を破壊してしまった人、高いお金を湯水のように神秘的な世界に投じてしまった人たちが、この本を通して少しでも、自分の心を自分の手に取り戻し、ファンタジーの海から自分自身を救い出してくれれば、と、そんなことを夢想して、この本を書き上げました。とはいえもちろん、ファンタジーの「飲み込む力」は、本を一冊読んだくらいで消え去るような、甘いものではありません。

それでも、「夢」を愛する気持ちを大切にしたい。
それが私自身の、最大の「ファンタジー」なのかもしれません。

参考資料

・『星の文化史事典』出雲晶子、白水社
・『スーパーセンス――ヒトは生まれつき超科学的な心を持っている』ブルース・M・フード、小松淳子（訳）、インターシフト
・『The Moon』Maryam Sachs, Abbeville Press
・『ギリシア神話』フェリックス・ギラン、中島健（訳）、青土社
・『月』ベアント・ブルンナー、山川純子（訳）、白水社
・『女性の神秘』M・エスター・ハーディング、樋口和彦・武田憲道（訳）、創元社
・『聖典セミナー　教行信証［教行の巻］』梯實圓、本願寺出版社

著者　石井ゆかり

ライター。
星占いの記事やエッセイなどを執筆、
２０１０年刊『12星座シリーズ』（ＷＡＶＥ出版）は
１２０万部のベストセラーに。他に、
『禅語』『親鸞』『青い鳥の本シリーズ』（パイ インターナショナル）、
『愛する人に。』『愛する力。』（幻冬舎コミックス）、
『夢を読む』（白泉社）、『星占い的思考』（講談社）等多数。
著書の累計部数は５００万部を超える（２０２４年４月現在）。

※本書は２０１３年に阪急コミュニケーションズから刊行された
『月のとびら』の新装版となります。

新装版《しんそうばん》 月《つき》のとびら

二〇一八年三月 四 日 初 版
二〇二四年四月二四日 初版第二刷

著者 ◉ 石井ゆかり
発行者 ◉ 菅沼博道
発行所 ◉ 株式会社 CCC メディアハウス
〒一四一-八二〇五
東京都品川区上大崎三-一-一
電話：販売 (〇四九)二九三-九五五三
編集 (〇三)五四三六-五七三五
http://books.cccmh.co.jp

デザイン ◉ 田嶋吉信
校閲 ◉ 円水社
印刷・製本 ◉ 図書印刷株式会社

ISBN978-4-484-18205-6